生产企业与外贸企业出口退税指南

赵永秀　主编

人民邮电出版社

北　京

图书在版编目（CIP）数据

生产企业与外贸企业出口退税指南 / 赵永秀主编
. — 北京：人民邮电出版社，2015.1
（中小企业海外业务操作指南）
ISBN 978-7-115-37795-1

Ⅰ. ①生… Ⅱ. ①赵… Ⅲ. ①企业—出口退税—中国
—指南 Ⅳ. ① F812.424-62

中国版本图书馆 CIP 数据核字（2014）第 280829 号

内 容 提 要

　　为帮助生产企业和外贸企业做好出口退税工作，本书详细介绍了企业出口退税的基础知识，企业出口退（免）税资格的认定，以及生产企业和外贸企业的免、抵、退税基本政策，生产企业和外贸企业出口退税申报系统的操作、生产企业和外贸企业出口退税的凭证管理，生产企业和外贸企业出口退税的会计核算和账务处理等方面的内容。本书还列举了大量的图表与实战范例，以图解的形式一步一步引导读者了解有关出口退税的全部内容，帮助读者迅速掌握相关工作的操作要求、步骤、方法与注意事项，进而帮助生产企业和外贸企业提升总体竞争力。

　　本书适合生产企业和外贸企业的财务管理人员、办税人员、税务代理从业人员、培训机构以及其他从事出口退税研究的人员阅读、使用。

◆ 主　　编　赵永秀
　　责任编辑　王莹舟
　　责任印制　焦志炜
◆ 人民邮电出版社出版发行　　北京市丰台区成寿寺路11号
　　邮编　100164　电子邮件　315@ptpress.com.cn
　　网址　https://www.ptpress.com.cn
　　涿州市般润文化传播有限公司印刷
◆ 开本：800×1000　1/16
　　印张：19.5　　　　　　　　　2015年1月第1版
　　字数：350千字　　　　　　　2025年10月河北第35次印刷

定价：59.00元

读者服务热线：（010）81055656　印装质量热线：（010）81055316
反盗版热线：（010）81055315

随着中国经济的高速发展，国内企业间的竞争越来越激烈。为了寻找更好的市场机会，越来越多的中国企业走向国际市场，加大海外市场拓展的力度，提高国际竞争力，以获取更多的市场份额与利润。然而，目前国际贸易环境不容乐观，价格体系不完善、欧债危机愈演愈烈、国际贸易壁垒众多、国际汇率不稳定、物价飙升等因素，都导致了企业开展外贸业务的难度在不断增加。

在开展海外贸易的过程中，大部分中小企业都会面临以下问题。

◇ 如何找到投入相对较低、风险相对较小的国际市场？

◇ 如何利用企业目前的有限资源开发和拓展国际市场？

◇ 面对千差万别的海外客户群体，如何进行国际市场营销？

◇ 如何寻找潜在客户，如何获得更多的国际订单？

◇ 如何进行国际商务谈判，规避合同风险？

◇ 如何合理询价，并确定统一标准，以避免双方理解偏差？

◇ 如何留住客户，与海外客户保持长期贸易关系？

……

为帮助中小企业解决上述问题，我们组织工作在海外业务拓展一线的实战专家策划、编写了"中小企业海外业务操作指南"丛书，本丛书共包括八本，具体为：

◇《外贸业务拓展与风险防范指南》

◇《中小企业海外参展指南》

◇《外贸跟单与出货验收指南》

◇《海外业务国内采购指南》

◇《电子商务海外业务指南》

◇《报关业务与物流运输指南》

◇《生产企业与外贸企业出口退税指南》

◇《派驻海外人员管理与风险防范指南》

"中小企业海外业务操作指南"丛书的特点是内容全面、深入浅出，作者将深奥的理论用平实的语言讲出来，易于理解，即使是不懂外贸业务的人也能看得懂。另外，本丛书尤其注重实际操作，对所涉业务的操作要求、步骤、方法、注意事项都讲得清清楚楚，并提供了大量在实际工作中已被证明行之有效的范本，读者可以将其复制下来，略作修改，为己所用，以节约时间和精力。

本书由赵永秀主编，冯永华、陈素娥、李景安、林红艺、林友进、吴少佳、郑华、孟照友、赵静洁、唐琼、唐晓航、谭双可、陈英飞、陈海川、陈宇娇、陈运花、马会玲、马丽平、马晓娟、卢硕果、庞翠玉、闻世渺、杨丽、安建伟、王丹、王振彪、武晓婷参与了本书资料的收集和编写工作，滕宝红对全书内容进行了认真、细致的审核。

本书在编写过程中，得到了综合开发研究院（中国·深圳）、山西省商务研究中心、广东省中小企业发展促进会、深圳市经济贸易和信息化委员会、深圳市世贸组织事务中心、深圳海关等单位、外贸业务培训机构及相关外贸企业的支持与配合。

在此，作者向上述人员和机构表示衷心的感谢。

C目录
CONTENTS

第一部分 企业出口退税基础知识

第一章 企业出口退税知识

出口货物退（免）税是指对报关出口货物退还在国内各生产环节和流转环节按税法规定缴纳的增值税和消费税或免征应纳税额。中小企业要办理好出口退税业务，必须首先对退税的知识、退税之前应办理的各项手续了如指掌，这样才能达到事半功倍的效果。

第二章　企业出口退（免）税资格的认定

企业如果要从事货物进出口或者技术进出口贸易，必须根据《中华人民共和国对外贸易法》和《对外贸易经营者备案登记办法》向国务院对外贸易主管部门或者其委托的机构办理资格认定手续。

第二部分　生产企业出口退税指南

第三章　生产企业免抵退税的基本政策

　　免抵退税（也称"免、抵、退税"）是对生产型出口企业的增值税优惠政策。生产型出口企业要顺利进行税收的免抵退，必须了解相关的政策—适用的企业、适用的出口货物、免抵退税额的计算公式与步骤及申报的期限等。

第四章　生产企业免抵退税申报业务

　　免抵退税的申报不是一件简单的事，可以说比较繁琐，但是只要熟练掌握操作流程及其注意事项也就不难了。本章除了介绍操作流程之外，还详细地介绍了零申报、补税申报、电子信息查询及备案申报等业务的操作方法。

第五章　生产企业出口退税申报系统操作

　　生产企业出口退税申报系统适用于生产企业免抵退税申报。企业通过出口退税申报系统对退税进货凭证、退税申报明细及各种单证等基本数据进行录入，生成退税申报数据并向退税机关进行出口退税申报。

第六章　生产企业出口退税凭证管理

　　出口企业应在货物报关出口并在财务上做销售处理后，按月填报"出口货物退（免）税申报表"，并提供办理出口退税的有关凭证，先报外经贸主管部门稽核签章后，再报主管出口退税的税务机关申请退税。

第七章 生产企业出口退税会计核算与账务处理

生产企业对于出口退（免）税应加以计算，并在会计上按照相关的会计法规进行核算，设置会计科目，建立会计账簿。同时，当出口货物退（免）税的审批结果与账务处理不一致时要及时调整。

第三部分 外贸企业出口退税指南

第八章 外贸企业出口退（免）税申报流程

企业当月出口的货物须在次月的增值税纳税申报期内，向主管税务机关办理增值税纳税申报、退（免）税相关申报及消费税免税申报。

第九章　外贸企业出口退税申报系统操作指引

　　目前外贸出口退税申报系统软件已升级到V15.0版，企业可以到中国出口退税咨询网站下载该软件，并按要求进行安装、启动与维护。以下主要介绍外贸企业出口退税申报的操作要领。本章首先介绍V13.0版的操作要领，再介绍V14.0、V15.0版的不同及新增系统功能的应用要领。

第十章　外贸企业出口退（免）税凭证管理

外贸企业在一般贸易出口业务运作过程中，相继取得供货方开具的增值税专用发票、供货方所在地税务机关开具的税收（出口货物专用）缴款书（简称"专用税票"）、出口货物报关单（出口退税联）等票证，即"一单两票"。"一单两票"是办理出口退税的重要凭据。此外，外贸企业申报出口退税还需要根据主管退税机关审核的要求，相应提供商品专用发票、出口货物销售账复印件、出口货物付款凭证复印件等资料。

第十一章　外贸企业出口退税会计核算与财务处理

　　同生产企业一样，外贸企业也应该对出口退（免）税加以计算，并在会计上按照相关的会计法规进行核算，设置会计科目，建立会计账簿。

第一部分

企业出口退税基础知识

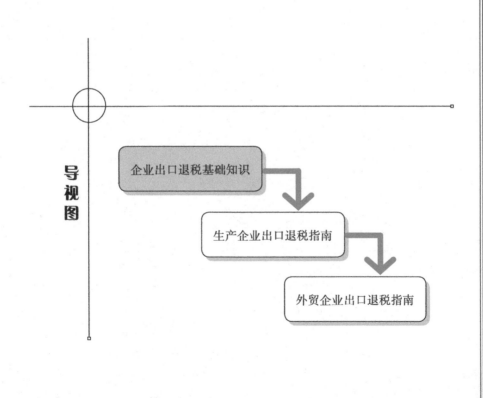

导视图

企业出口退税基础知识

生产企业出口退税指南

外贸企业出口退税指南

第一章 企业出口退税知识

出口货物退（免）税是指对报关出口货物退还在国内各生产环节和流转环节按税法规定缴纳的增值税和消费税或免征应纳税额。中小企业要办理好出口退税业务，必须首先对退税的知识、退税之前应办理的各项手续了如指掌，这样才能达到事半功倍的效果。

第一节 对外贸易基础知识

知识01：对外贸易关系主体

对外贸易经营者是指依法取得对外贸易经营资格并从事对外贸易经营活动的法人、其他组织和个人。

对外贸易关系主体是指依法参加对外贸易管理和合作活动，享有对外贸易权利，承担对外贸易义务的当事人。

对外贸易关系主体一般可分为生产企业与外贸企业两种。

（一）生产企业

生产企业是指具有生产加工能力，将外购的原材料进行加工而生产出另外一种产品的企业。

（二）外贸企业

外贸企业是指将外购的商品直接进行销售，而不对其进行加工的企业。

由于两种企业的经营方式及商品的来源等有很大不同，所以其适用的出口退（免）税政策也存在很大区别。

知识02：对外贸易成交方式

（一）《2000年国际贸易术语解释通则》贸易术语

《2000年国际贸易术语解释通则》共有13个贸易术语，按首字母不同，分为E、F、C、D四组（如表1-1所示）。

表1-1 《2000年国际贸易术语解释通则》贸易术语

组别特征	简称及含义（英文全称）	交货地点	风险转移	运输（运费及承运人）	运输保险	运输方式	海关清关手续
E组内陆交货	EXW工厂交货（Ex Work）	卖方工厂	交货时	买方	买方	各种运输	进出口全由买方（进口方）办理
F组装运合同主要运费未付	FCA货交承运人（Free Carrier）	交承运人（买方指定）	交货时	买方	买方	各种运输	卖方办理出口，买方办理进口
	FAS船边交货（Free Alongside Ship）	指定装运港船边	交货时	买方	买方	海运、内河	（同上）
	FOB船上交货（Free on Board）	指定装运港船上	装运港船舷	买方	买方	海运、内河	（同上）
C组装运合同主要运费已付	CFR成本加运费（Cost and Freight）	装运港船上	装运港船舷	卖方	买方	海运、内河	（同上）
	CIF成本保险费运费（Cost Insurance and Freight）	装运港船上	装运港船舷	卖方	卖方	海运、内河	（同上）

（续表）

组别特征	简称及含义（英文全称）	交货地点	风险转移	运输（运费及承运人）	运输保险	运输方式	海关清关手续
C组装运合同主要运费已付	CPT运费付至（Carriage Paid to）	货交第一承运人	交货	卖方	买方	各种运输	（同上）
	CIP运费保险费付至（Carriage and Insurance Paid to）	货交第一承运人	交货	卖方	卖方	各种运输	（同上）
D组到货合同	DAF边境交货（Delivered at Frontier）	边境指定地点（不卸货）	交货时	卖方	卖方	陆上运输	（同上）
	DES目的港船上交货（Delivered Ex Ship）	目的港船上（不卸货）	交货时	卖方	卖方	海运、内河	（同上）
	DEQ目的港码头交货（Delivered Ex Quay）	目的港码头（货从船上卸到码头）	交货时	卖方	卖方	海运、内河	（同上）
	DDU未完税交货（Delivered Duty Unpaid）	指定目的地（不卸货）	交货时	卖方	卖方	各种运输	（同上）
	DDP完税交货（Delivered Duty Paid）	指定目的地（不卸货）	交货时	卖方	卖方	各种运输	进出口全由卖方（出口方）办理

（二）《2010年国际贸易术语解释通则》贸易术语

国际商会（ICC）重新编写的《2010年国际贸易术语解释通则》，是国际商会根据国际货物贸易的发展对2000年通则的修订，于2010年9月27日公布，于2011年1月1日开始在全球实施。2010年通则较2000年通则更准确地标明了各方承担货物运输风险和费用的责任条款，令船舶管理公司更易理解货物买卖双方支付各种收费时的角色，有助于避免现时经常出现的码头处理费（THC）纠纷。此外，新通则亦增加了大量指导性贸易解释和图示，以及电子交易程序的适用方式。

虽然2010年通则于2011年1月1日正式生效，但2000年通则并没有自动作废。因为国际贸易惯例本身不是法律，对国际贸易当事人不产生必然的强制性约束力。国际贸易惯例在适用的时间效力上并不存在"新法取代旧法"的说法，即2010年通则实施之后，当事人在订立贸易合同时仍然可以选择适用2000年通则甚至1990年通则。

相对于2000年通则，2010年通则主要有以下变化。

（1）13种贸易术语变为11种。

（2）贸易术语由四类变为两类（如图1-1所示）。

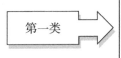 第一类　包括那些适用于任何运输方式的七种术语——EXW、FCA、CPT、CIP、DAT、DAP和DDP。这些术语可以用于没有海上运输的情形，但要谨记，这些术语能够用于船只作为运输的一部分的情形。

 第二类　实际上包含了比较传统的只适用于海运或内河运输的四种术语。这种情况下，卖方交货点和货物运至买方的地点均是港口，所以"唯海运不可"就是这类术语的标签。FAS、FOB、CFR、CIF属于本类术语

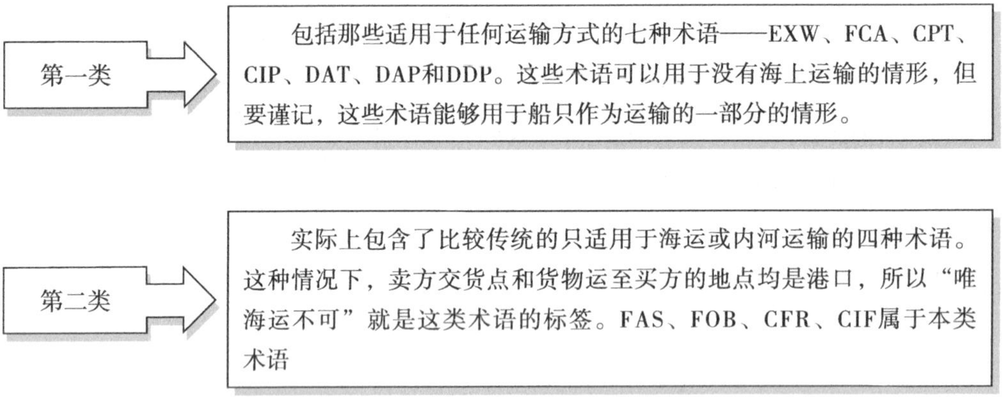

图1-1　贸易术语由四类变两类

（3）2010年通则删去了2000年通则的4个术语（DAF、DES、DEQ、DDU）。

（4）2010年通则新增了两个术语（DAT、DAP）。所谓DAT和DAP术语，是"实质性交货"术语，指在将货物运至目的地过程中涉及的所有费用和风险由卖方承担。此类术语适用于任何运输方式，因此也适用于DAF、DES、DEQ以及DDU以前被使用过的情形。

（三）对外贸易中常见的价格术语

出口贸易中常见的价格术语（也就是成交方式）主要有FOB术语、CFR术语和CIF术语（如表1-2所示）。

表1-2 对外贸易中常见的价格术语

序号	名称	具体说明
1	FOB术语	FOB，英文为"Free on Board"，即"船上交货"（……指定装运港），也称"离岸价"。按FOB方式成交，卖方在指定的装运港把货物送过船舷后交付，货过船舷后买方须承担货物的全部费用、风险、灭失或损坏，另外要求卖方办理货物的出口结关手续
2	CFR术语	CFR，英文为"Cost and Freight"，即"成本加运费"（……指定目的港）。它指卖方必须支付把货物运至指定目的港所需的开支和运费，但从货物交至船上甲板后，货物的风险、灭失或损坏以及发生事故后造成的额外开支，在货物越过指定港的船舷后，就由买方负担，另外要求卖方办理货物的出口结关手续
3	CIF术语	CIF，英文为"Cost, Insurance and Freight"，即"成本、保险费加运费"（……指定目的港），也称"到岸价"。按CIF成交，货价的构成因素中包括从装运港至约定目的港的通常运费和约定的保险费。所以，卖方除承担与CFR术语相同的义务外，还要办理货运保险，交付保险费

特别提示

上述三种对外贸易常见价格术语的关系为：

FOB=CIF—运费—保险费

FOB=CFR—运费

知识03：对外贸易出口方式

目前我国对外贸易的进出口方式主要分为两种：自营进出口与委托（代理）出口。

（一）自营进出口

自营进出口权是指国家相关部委授权生产型企业经营本企业自产产品的出口业务和本企业所需的机械设备、零配件、原辅材料的进口业务，但国家限定公司经营或禁止进出口的商品及技术除外。

自营出口是指企业或个体工商户取得自营出口权后，可以对自产和收购的货物直接办理出口。

（二）委托（代理）出口

委托（代理）出口是指外贸企业受委托单位的委托，代办出口货物销售的一种出口业务。

外贸企业在受托办理出口业务时，收取一定的代理费，并承担相应的责任，而价格和其他合同条款的最终决定权属于生产企业，进出口盈亏和履约责任最终由生产企业承担。委托出口货物由委托方办理出口退（免）税申报。

对委托出口的货物，受托方须自货物报关出口之日起至次年4月15日前，向主管税务机关申请开具《代理出口货物证明》，并将其及时交托给委托方。逾期的，受托方不得开具《代理出口货物证明》。

知识04：出口货物贸易方式

现行出口货物的贸易方式主要分为一般贸易、加工贸易、补偿贸易、协定贸易、边境贸易、双边贸易、多边贸易、转口贸易和过境贸易。下面主要针对出口贸易实务中常见的两种方式进行介绍。

（一）一般贸易

一般贸易是指中国境内有进出口经营权的企业单边进口或单边出口的贸易，按一般贸易交易方式进出口的货物即为一般贸易货物。一般贸易货物在进口时可以按一般进出口监管制度办理海关手续，这时它就是一般进出口货物；它也可以享受特定减免税优惠，按特定减免税监管制度办理海关手续，这时它就是特定减免税货物；它也可以经海关批准保税，按保税监管制度办理海关手续，这时它就是保税货物。

（二）加工贸易

1. 什么是加工贸易

加工贸易是指一国通过各种不同的方式，利用本国的生产能力和技术，将进口原料、材料或零件加工成成品后再出口，从而获得以外汇体现的附加价值。加工贸易是以加工为特征的再出口业务，按照所承接的业务特点不同，常见的加工贸易方式包括进料加工、来料加工、装配业务和协作生产，具体如表1-3所示。

表1-3 加工贸易说明

序号	类别	具体说明
1	进料加工	进料加工又叫以进养出，是指用外汇购入国外的原料、辅料，利用本国的技术、设备和劳力，将原材料加工成成品后，销往国外市场。这类业务中，经营的企业以买主的身份与国外签订购买原材料的合同，又以卖主的身份签订成品的出口合同。两个合同体现为两笔交易，都是以所有权转移为特征的货物买卖。进料加工贸易要注意所加工的成品在国际市场上要有销路；否则，进口原料外汇很难平衡。从这一点看，进料加工要承担价格风险和成品的销售风险
2	来料加工	它通常是指加工一方由国外另一方提供原料、辅料和包装材料，按照双方商定的质量、规格、款式将来料加工为成品，交给对方，自己收取加工费。其中有的是全部由对方来料，有的是一部分由对方来料、一部分由加工方采用本国原料的辅料。此外，有时对方只提出式样、规格等要求，而由加工方使用当地的原料、辅料进行加工生产，这种做法常被称为"来样加工"
3	装配业务	装配业务指由一方提供装配所需的设备、技术和有关元件、零件，由另一方装配为成品后交货。来料加工和来料装配业务包括两个贸易进程，一是进口原料，二是产品出口。但这两个过程是同一笔贸易的两个方面，而不是两笔贸易。原料的提供者和产品的接受者是同一家企业，交易双方不存在买卖关系，而是委托加工关系，加工一方赚取的是劳务费，因而这类贸易属于劳务贸易范畴
4	协作生产	它是指由一方提供部分配件或主要部件，而由另一方利用本国生产的其他配件组装成一件产品出口。商标可由双方协商确定，既可用加工方的，也可用对方的。所供配件的价款可在货款中扣除。协作生产的产品一般规定由对方销售全部或一部分，也可规定由第三方销售

2．加工贸易的业务流程

（1）加工贸易货物备案

加工贸易货物是指加工贸易项下的进口料件、加工成品以及加工过程中产生的边角料、残次品、副产品等。

加工企业应当向其所在地主管海关办理加工贸易货物备案手续，办理备案所需单证如下。

①经营单位申请报告。

②外经贸主管部门《批准证》，属于进料加工的需要加盖税务部门印章。

③对外签订的进出口合同。

④经营单位基本账户开立证明。

⑤加工企业所在地经贸部门出具的《加工生产能力证明》。

⑥委托加工应提供经营单位与加工企业签定的符合《中华人民共和国合同法》的委托加工合同（协议）。

⑦开展异地加工贸易，须提供经营单位所在地海关出具的关封，内含"异地加工申请表"一式两份。

⑧首次开展加工贸易须提供经营单位和加工企业的《营业执照》《税务登记证》复印件及《海关登记通知书》。

⑨经营单位的介绍信或委托书。

⑩加工工艺说明。

⑪如需异地口岸进出口报关，须填写"异地报关申请表"。

⑫海关需要的其他资料。

（1）海关对首次开展加工贸易的企业实行验厂制度；对单证齐全、验厂合格的企业，海关在规定的工作日内核发《登记手册》。

（2）办理加工贸易合同备案属AA类企业的，免设台账；属A类企业的，须设台账，实行"空转"；属B类企业的，须设台账，一般商品实行"空转"，限制类商品实行"实转"；属C类企业的，须设台账，一律实行"实转"；D类企业不得开展加工贸易业务。对非同一分类的经营单位与加工企业，海关按就低不就高的原则管理。对提供的进口辅料品种在规定范围内，且金额在5000美元以下的外商，免办手册，不纳入台账管理。

（2）进口料件

进口料件是加工贸易企业在进行加工贸易经营活动时，从国外进口的免交关税、增值税的料件。该料件受国家海关监管，须按规定生产成成品后复出口，同时进行报核。如因合理原因不能按计划复出口，而须转内销的，需要在当地主管海关进行补税手续后，方可转内销。

企业进口加工贸易货物，可以从境外或者海关特殊监管区域、保税仓库进口，也可以通过深加工结转方式转入。经营企业应当持加工贸易手册、加工贸易进口货物专用报关单等有关单证办理加工贸易货物进口报关手续。

（3）加工成品出口

经营企业出口加工贸易货物，可以向境外或者海关特殊监管区域、出口监管仓库出口，也可以通过深加工结转方式转出。经营企业应当持加工贸易手册、加工贸易出口货物专用报关单等有关单证办理加工贸易货物出口报关手续。

（4）加工贸易货物核销

核销是指加工贸易经营企业加工复出口，或者办理内销等海关手续后，凭规定的单证向海关申请解除监管，海关经审查、核查属实且符合有关法律、行政法规、规章的规定，予以办理解除监管手续的行为。

企业应当在规定的期限内将进口料件加工复出口，并自加工贸易手册项下最后一批成品出口或者加工贸易手册到期之日起30日内向海关报核。

3. 深加工结转

深加工结转是指加工贸易企业将保税进口料件加工的产品转至另一加工贸易企业进一步加工后复出口的经营活动。对转出企业而言，深加工结转视同出口，应办理出口报关手续，如以外汇结算的，海关可以签发收汇报关单证明联；对转入企业而言，深加工结转视同进口，应办理进口报关手续，如与转出企业以外汇结算的，海关可以签发付汇报关单证明联。

由于保税料件加工成半成品不离境，故在实践中又称为"间接出口"；又由于产品在两个加工贸易企业之间进行转移，又俗称为"转厂"。在税收实践中，深加工结转业务实行增值税免税政策。

知识05：对外贸易结算方式

出口贸易的结算方式分为汇付、托收、信用证和其他。

（一）汇付

汇付又称汇款，是付款人通过银行，使用各种结算工具将货款汇交收款人的一种结算方式。汇付又包括以下三种方式，具体如表1-4所示。

表1-4 汇付方式

序号	方式	具体说明
1	电汇	电汇是汇出行应汇款人的申请,拍发加押电报或电传给在另一国家的分行或代理行(即汇入行)解付一定金额给收款人的一种汇款方式 电汇方式的优点在于速度快,收款人可以迅速收到货款。随着现代通信技术的发展,银行与银行之间使用电传直接通信,快速准确。电汇是目前使用较多的一种方式,但其费用较高
2	信汇	信汇是汇出行应汇款人的申请,用航空信函的形式,指示出口国汇入行解付一定金额的款项给收款人的汇款方式。信汇的优点是费用较低廉,但收款人收到汇款的时间较迟
3	票汇	票汇是指汇出行应汇款人的申请,代汇款人开立以其分行或代理行为解付行的银行即期汇票,支付一定金额给收款人的汇款方式 票汇与电汇、信汇的不同之处在于,票汇的汇入行无须通知收款人取款,而由收款人持票登门取款;这种汇票(除有限制流通的规定外)经收款人背书,可以转让流通,而电汇、信汇的收款人则不能将收款权转让

(二)托收

托收是出口商开立汇票,委托银行代收款项,向国外进口商收取货款或劳务款项的一种结算方式。实务中常用的托收方式有付款交单、承兑交单,具体如表1-5所示。

表1-5 托收方式

序号	方式	具体说明
1	付款交单	出口人将汇票连同货运单据交给银行托收时,指示银行只有在进口人付清货款时,才能交出货运单据
2	承兑交单	指买方承兑汇票后即可以提取货物,待汇票到期时才付货款

(三)信用证

信用证是银行在买卖双方之间保证付款的凭证。银行根据买方的申请书,向卖方开付保证付款的信用证,即只要卖方提交符合信用证要求的证据,银行就保证付款。

第二节 出口货物退（免）税的构成要素

出口货物退（免）税的构成要素主要包括出口货物退（免）税的企业范围、货物范围、税种、退税率、计税依据、期限和地点等。

要素01：哪些企业可以享受出口货物退（免）税

我国现行享受出口货物退（免）税的出口企业有下列八类，具体如表1-6所示。

表1-6 可以享受出口货物退（免）税的八类企业

序号	类别	具体说明
1	第一类	经商务部及其授权单位赋予进出口经营权的外贸企业，含外贸总公司和到异地设立的经商务部批准的有进出口经营权的独立核算的分支机构
2	第二类	经商务部及其授权单位赋予进出口经营权的自营生产企业和生产型集团公司
3	第三类	经商务部赋予进出口经营权的工贸企业、集生产与贸易为一体的集团贸易公司等。这类企业既有出口货物生产性能，又有出口货物经营（贸易）性能。对此，凡是执行外贸企业财务制度、无生产实体、仅从事出口贸易业务的，可比照第一类外贸企业的有关规定办理退（免）税；凡是有生产实体，且从事出口贸易业务，执行工业企业财务制度的，可比照第二类自营生产企业的有关规定办理退（免）税
4	第四类	外商投资企业。外商投资企业在规定退税投资总额内以货币采购的符合退税条件的国产设备也享受退税政策
5	第五类	委托外贸企业代理出口的企业。包括委托外贸企业代理出口货物的有进出口权的外贸企业和委托外贸企业代理出口货物的生产企业
6	第六类	经国务院批准设立，享有进出口经营权的中外合资企业和合资连锁企业（简称"商业合资企业"），其收购自营出口业务准予退税的国产货物范围，按商务部规定的出口经营范围执行

（续表）

序号	类别	具体说明
7	第七类	特准退还或免征增值税和消费税的企业。这类企业有： （1）将货物运出境外用于对外承包项目的对外承包工程公司 （2）对外承接修理修配业务的企业 （3）将货物销售给外轮、远洋国轮而收取外汇的外轮供应公司和远洋运输供应公司 （4）在国内采购货物并运往境外作为在国外投资的企业 （5）利用外国政府贷款或国际金融组织贷款，通过国际招标机电产品中标的企业 （6）承接境外带料加工装配业务的企业 （7）利用中国政府的援外优惠贷款和在合资合作项目基金方式下出口货物的企业 （8）国家旅游局所属中国免税品公司统一管理的出境口岸免税店 （9）国家规定特准退免税的其他企业
8	第八类	指定退税的企业。为了严防假冒高税率货物和贵重货物出口，杜绝骗取出口退税行为的发生，对一些贵重货物的出口，国家指定了一些企业经营。对由这些企业出口的这类货物，可予以退税；非指定企业，即使有出口经营权，出口这类货物，国家也不予退税。但对生产企业自营或委托出口的贵重货物，给予退（免）税

要素02：出口货物退（免）税的退税对象

　　退税对象是指对什么东西退税，即出口退税的客体，它是确定退税类型的主要条件，也是退税的基本依据。而货物范围，是确定退税对象的具体界限。对纳入退税范围的退税对象，必须在具体范围上予以明确。

（一）一般退（免）税的货物范围

　　根据《出口货物退（免）税管理办法》的相关规定，出口的凡属于已征或应征增值税、消费税的货物，除国家明确规定不予退（免）税的货物和出口企业从小规模纳税人购进并持普通发票的部分货物外，都是出口货物退（免）税的货物范围，对其均应退还已征增值税和消费税或免征应征的增值税和消费税。可以申报退（免）税的货物一般应具备四个条件，具体如图1-2所示。

图1-2 可申报退（免）税的货物必须具备的四个条件

出口货物只有在同时具备上述四个条件的情况下，才能向税务部门申报办理退税；否则，不予办理退税。

（二）适用增值税退（免）税政策的出口货物劳务

（1）出口企业出口货物，包括自产和符合条件的视同自产货物。

（2）出口企业或其他单位视同出口货物。具体如下。

①出口企业对外援助、对外承包、境外投资的货物。

②出口企业经海关报关进入国家批准的出口加工区、保税物流园区、保税港区、综合保税区、珠澳跨境工业区（珠海园区）、中哈霍尔果斯国际边境合作中心（中方配套区域）、保税物流中心（B型，以下统称特殊区域）并销售给特殊区域内单位或境外单位、个人的货物。

③免税品经营企业销售的货物，国家规定不允许经营和限制出口的货物、卷烟和超出免税品经营企业《企业法人营业执照》规定经营范围的货物除外。具体如下。

——中国免税品（集团）有限责任公司向海关报关运入海关监管仓库，专供其经国家批准设立的统一经营、统一组织进货、统一制定零售价格、统一管理的免税店销售的货物。

——国家批准的除中国免税品（集团）有限责任公司外的免税品经营企业，向海关报关运入海关监管仓库，专供其所属的首都机场口岸海关隔离区内的免税店销售的货物。

——国家批准的除中国免税品（集团）有限责任公司外的免税品经营企业所属的上海虹桥、浦东机场海关隔离区内的免税店销售的货物。

④出口企业或其他单位销售给用于国际金融组织或外国政府贷款国际招标建设项目的中标机电产品（以下称中标机电产品）。上述中标机电产品，包括外国企业中标再分包给出口企业或其他单位的机电产品。

⑤生产企业向海上石油天然气开采企业销售的自产的海洋工程结构物。

⑥出口企业或其他单位销售给国际运输企业用于国际运输工具上的货物。

⑦出口企业或其他单位销售给特殊区域内生产企业生产耗用且不向海关报关而输入特殊区域的水（包括蒸汽）、电力、燃气（以下称输入特殊区域的水电气）。

除财税[2012]39号《关于出口货物劳务增值税和消费税政策的通知》及财政部和国家税务总局另有规定外，视同出口货物适用出口货物的各项规定。

（3）出口企业对外提供加工修理修配劳务

对外提供加工修理修配劳务，是指对进境复出口货物或从事国际运输的运输工具进行的加工修理修配。

（三）适用增值税免税政策的出口货物劳务

适用增值税免税政策的出口货物劳务如表1-7所示。

表1-7　适用增值税免税政策的出口货物劳务

序号	方式	具体说明
1	出口企业或其他单位出口规定的货物	（1）增值税小规模纳税人出口的货物 （2）避孕药品和用具，古旧图书 （3）软件产品，其具体范围是指海关税则号前四位为"9803"的货物 （4）含黄金、铂金成分的货物，钻石及其饰品 （5）国家计划内出口的卷烟 （6）已使用过的设备，其具体范围是指购进时未取得增值税专用发票、海关进口增值税专用缴款书，但其他相关单证齐全的已使用过的设备 （7）非出口企业委托出口货物 （8）非列名生产企业出口的非视同自产货物 （9）农业生产者自产农产品，其具体范围按照《农业产品征税范围注释》（财税[1995]52号）的规定执行 （10）油画、花生果仁、黑大豆等财政部和国家税务总局规定的出口免税货物

（续表）

序号	方式	具体说明
1	出口企业或其他单位出口规定的货物	（11）外贸企业取得普通发票、废旧物资收购凭证、农产品收购发票、政府非税收入票据的货物 （12）来料加工复出口的货物 （13）特殊区域内的企业出口的特殊区域内的货物 （14）以人民币现金作为结算方式的边境地区出口企业从所在省（自治区）的边境口岸出口到接壤国家的一般贸易和边境小额贸易出口货物 （15）以旅游购物贸易方式报关出口的货物
2	出口企业或其他单位视同出口货物劳务	（1）国家批准设立的免税店销售的免税货物[包括进口免税货物和已实现退（免）税的货物] （2）特殊区域内的企业为境外的单位或个人提供加工修理修配劳务 （3）同一特殊区域、不同特殊区域内的企业之间销售特殊区域内的货物
3	出口企业或其他单位未按规定申报或未补齐增值税退（免）税凭证的出口货物劳务	（1）未在国家税务总局规定的期限内申报增值税退（免）税的出口货物劳务 （2）未在规定期限内申报开具《代理出口货物证明》的出口货物劳务 （3）已申报增值税退（免）税，却未在国家税务总局规定的期限内向税务机关补齐增值税退（免）税凭证的出口货物劳务

 特 别 提 示

出口企业未按规定进行单证备案（因出口货物的成交方式特性，企业没有有关备案单证的情况除外）的出口货物，不得申报退（免）税。对于企业适用增值税免税政策的出口货物劳务，出口企业或其他单位可以依照现行增值税有关规定放弃免税，并按规定缴纳增值税。企业应向主管税务机关提出书面报告，一旦放弃免税，36个月内不得更改。

出口享受免征增值税的货物，其耗用的原材料、零部件等支付的进项税额（包括准予抵扣的运输费用所含的进项税额），不能从内销货物的销项税额中抵扣，应计入产品成本。

（四）适用增值税征税政策的出口货物劳务

根据《财政部国家税务总局关于出口货物劳务增值税和消费税政策的通知》（财税〔2012〕39号）第七条的规定："下列出口货物劳务，不适用增值税退（免）税和免税政策，按下列规定及货物征税的其他规定征收增值税（以下称增值税征税）。"

适用增值税征税政策的出口货物劳务如下。

（1）出口企业出口或视同出口财政部和国家税务总局根据国务院决定明确的取消出口退（免）税的货物（不包括来料加工复出口货物、中标机电产品、列名原材料、输入特殊区域的水电气、海洋工程结构物）。

（2）出口企业或其他单位销售给特殊区域内的生活消费用品和交通运输工具。

（3）出口企业或其他单位因骗取出口退税被税务机关禁止办理增值税退（免）税期间出口的货物。

（4）出口企业或其他单位提供虚假备案单证的货物。

（5）出口企业或其他单位增值税退（免）税凭证有伪造或内容不实的货物。

（6）出口企业或其他单位未在国家税务总局规定期限内申报免税核销以及经主管税务机关审核不予免税核销的出口卷烟。

（7）出口企业或其他单位具有以下情形之一的出口货物劳务。

①将空白的出口货物报关单、出口收汇核销单等退（免）税凭证交由除签有委托合同的货代公司、报关行，或由境外进口方指定的货代公司（提供合同约定或者其他相关证明）以外的其他单位或个人使用的。

②以自营名义出口，其出口业务实质上是由本企业及其投资的企业以外的单位或个人借该出口企业名义操作完成的。

③以自营名义出口，就其出口的同一批货物既签订购货合同，又签订代理出口合同（或协议）的。

④出口货物在海关验放后，自己或委托货代承运人对该笔货物的海运提单或其他运输单据等上的品名、规格等进行修改，造成出口货物报关单与海运提单或其他运输单据有关内容不符的。

⑤以自营名义出口，但不承担出口货物的质量、收款或退税风险之一的，即对出口货物发生质量问题不承担购买方的索赔责任（合同中有约定质量责任承担者除外）；不承担未按期收款导致不能核销的责任（合同中有约定收款责任承担者除外）；不承担因申报出口退（免）税的资料、单证等出现问题造成不退税责任的。

⑥未实质参与出口经营活动、接受并从事由中间人介绍的其他出口业务，但仍以自营名义出口的。

第（4）、（5）项具体情况如下。

①提供的增值税专用发票、海关进口增值税专用缴款书等进货凭证为虚开或伪造。

②提供的增值税专用发票是在供货企业税务登记被注销或被认定为非正常户之后开具。

③提供的增值税专用发票抵扣联上的内容与供货企业记账联上的内容不符。

④提供的增值税专用发票上载明的货物劳务与供货企业实际销售的货物劳务不符。

⑤提供的增值税专用发票上的金额与实际购进交易的金额不符。

⑥提供的增值税专用发票上的货物名称、数量与供货企业的发货单、出库单及相关国内运输单据等凭证上的相关内容不符，数量属合理损溢的除外。

⑦出口货物报关单上的出口日期早于申报退税匹配的进货凭证上所列货物的发货时间（供货企业发货时间）或生产企业自产货物发货时间。

⑧出口货物报关单上载明的出口货物与申报退税匹配的进货凭证上载明的货物或生产企业自产货物不符。

⑨出口货物报关单上的商品名称、数量、重量与出口运输单据载明的不符，数量、重量属合理损溢的除外。

⑩生产企业出口自产货物的，其生产设备、工具不能生产该种货物。

⑪供货企业销售的自产货物，其生产设备、工具不能生产该种货物。

⑫供货企业销售的外购货物，其购进业务为虚假业务。

⑬供货企业销售的委托加工收回货物，其委托加工业务为虚假业务。

⑭出口货物的提单或运单等备案单证为伪造、虚假。

⑮出口货物报关单是通过利用报关行等单位将他人出口的货物虚构为本企业出口货物这种手段取得。

要素03：出口货物退（免）税的税种

我国出口货物退（免）税仅限于间接税中的增值税和消费税。

增值税是指对在中华人民共和国境内的销售货物或者提供加工、修理修配劳务以及进口货物的单位和个人，就其应税货物销售、加工、修理修配过程中的增值税和进口货物金额征收的一种税。

消费税是对我国境内生产、委托加工和进口《中华人民共和国消费税暂行条例》规定的应税消费品的单位和个人征收的一种流转税。

要素04：出口货物退（免）税的税率

退税率是出口货物的实际退税额与计税依据之间的比例。

（一）出口货物增值税退税率

目前我国出口货物增值税的退税率设定为17%、16%、15%、14%、13%、11%、9%、5%、3%。

（二）出口货物消费税退税率

计算出口货物应退消费税税款的税率或单位税额，依《中华人民共和国消费税暂行条例》所附的消费税税目税率（税额）表执行（见表1-8）。

表1-8　消费税税目税率表

序号	大类	细分类		税率
1	烟	卷烟	甲类卷烟	45%加0.003元/支
			乙类卷烟	30%加0.003元/支
		雪茄烟		25%
		烟丝		30%
2	酒及酒精	白酒		20%加0.5元/500克（或者500毫升）
		黄酒		240元/吨
		啤酒	甲类啤酒	250元/吨
			乙类啤酒	220元/吨
		其他酒		10%
		酒精		5%

（续表）

序号	大类	细分类		税率
3	化妆品			30%
4	贵重首饰及珠宝玉石	金银首饰、铂金首饰和钻石及钻石饰品		5%
		其他贵重首饰和珠宝玉石		10%
5	鞭炮、焰火			15%
6	成品油	汽油	含铅汽油	0.28元/升
			无铅汽油	0.20元/升
		柴油		0.10元/升
		航空煤油		0.10元/升
		石脑油		0.20元/升
		溶剂油		0.20元/升
		润滑油		0.20元/升
		燃料油		0.10元/升
7	汽车轮胎			3%
8	摩托车	气缸容量（排气量，下同）在250毫升（含250毫升）以下的		3%
		气缸容量在250毫升以上的		10%
9	小汽车	乘用车	气缸容量（排气量，下同）在1.0升（含1.0升）以下的	1%
			气缸容量在1.0升以上至1.5升（含1.5升）的	3%
			气缸容量在1.5升以上至2.0升（含2.0升）的	5%
			气缸容量在2.0升以上至2.5升（含2.5升）的	9%
			气缸容量在2.5升以上至3.0升（含3.0升）的	12%
			气缸容量在3.0升以上至4.0升（含4.0升）的	25%
			气缸容量在4.0升以上的	40%
		中轻型商用客车		5%
10	高尔夫球及球具			10%

（续表）

序号	大类	细分类	税率
11	高档手表		20%
12	游艇		10%
13	木制一次性筷子		5%
14	实木地板		5%

要素05：出口货物退（免）税的计税依据

（一）增值税退（免）税的计税依据

出口货物劳务的增值税退（免）税的计税依据，按出口货物劳务的出口发票（外销发票）、其他普通发票或购进出口货物劳务的增值税专用发票、海关进口增值税专用缴款书确定。

（1）生产企业出口货物劳务（进料加工复出口货物除外）增值税退（免）税的计税依据，为出口货物劳务的实际离岸价（FOB）。实际离岸价应以出口发票上的离岸价为准，但如果出口发票不能反映实际离岸价，主管税务机关有权予以核定。

（2）生产企业进料加工复出口货物增值税退（免）税的计税依据，按出口货物的离岸价扣除出口货物所含的海关保税进口料件的金额后确定。

海关保税进口料件，是指海关以进料加工贸易方式监管的出口企业从境外和特殊区域等进口的料件，包括出口企业从境外单位或个人购买并从海关保税仓库提取且办理海关进料加工手续的料件，以及保税区外的出口企业从保税区内的企业购进并办理海关进料加工手续的进口料件。

（3）生产企业国内购进无进项税额且不计提进项税额的免税原材料加工后出口的货物的计税依据，按出口货物的离岸价扣除出口货物所含的国内购进免税原材料的金额后确定。

（4）外贸企业出口货物（委托加工修理修配货物除外）增值税退（免）税的计税依据，为购进出口货物的增值税专用发票注明的金额或海关进口增值税专用缴款书注明的完税价格。

（5）外贸企业出口委托加工修理修配货物增值税退（免）税的计税依据，为加工修理修配费用增值税专用发票注明的金额。外贸企业应将加工修理修配使用的原材料（进料加工海关保税进口料件除外）作价销售给受托加工修理修配的生产企业，受托加工修理修配的生产企业应将原材料成本并入加工修理修配费用开具发票。

（6）已使用过的设备（出口进项税额未计算抵扣的）增值税退（免）税的计税依据，按下列公式确定：

退（免）税计税依据=增值税专用发票上的金额或海关进口增值税专用缴款书注明的完税价格×已使用过的设备固定资产净值÷已使用过的设备原值

已使用过的设备固定资产净值=已使用过的设备原值−已使用过的设备已提累计折旧

上述公式所称的已使用过的设备，是指出口企业根据财务会计制度已经计提折旧的固定资产。

（7）免税品经营企业销售的货物增值税退（免）税的计税依据，为购进货物的增值税专用发票注明的金额或海关进口增值税专用缴款书注明的完税价格。

（8）中标机电产品增值税退（免）税的计税依据：生产企业为销售机电产品的普通发票注明的金额，外贸企业为购进货物的增值税专用发票注明的金额或海关进口增值税专用缴款书注明的完税价格。

（9）生产企业向海上石油天然气开采企业销售的自产的海洋工程结构物增值税退（免）税的计税依据，为销售海洋工程结构物的普通发票注明的金额。

（10）输入特殊区域的水电气增值税退（免）税的计税依据，为作为购买方的特殊区域内生产企业购进水（包括蒸汽）、电力、燃气的增值税专用发票注明的金额。

（二）消费税退税的计税依据

出口货物的消费税应退税额的计税依据，按购进出口货物的消费税专用缴款书和海关进口消费税专用缴款书确定。

属于从价定率计征消费税的，为已征且未在内销应税消费品应纳税额中抵扣的购进出口货物金额；属于从量定额计征消费税的，为已征且未在内销应税消费品应纳税额中抵扣的购进出口货物数量；属于复合计征消费税的，按以从价定率和从量定额计征消费税的计税依据分别确定。

消费税退税的计算：

消费税应退税额=从价定率计征消费税的退税计税依据×比例税率+从量定额计征消费税的退税计税依据×定额税率

要素06：出口货物退（免）税的方法

（一）出口货物增值税的退（免）税办法

现行出口货物增值税的退（免）税办法主要有三种，具体如图1-3所示。

 免

> 对出口货物免征增值税。这种方法主要适用于以来料加工贸易方式出口的货物、小规模纳税人出口的货物
>
> 对国家统一规定免税的货物，不分是否出口销售一律免税，如出口企业直接收购农业生产者销售的自产农产品、古旧图书等，这类货物在国内的生产、流通环节已免税，出口后也不再退税

 免、退

> 即对本环节增值部分免税，对进项税额退税。这种方法主要适用于外贸企业和实行外贸企业财务制度的工贸企业、企业集团等

 免、抵、退

> 对本环节增值部分免税，对进项税额准予抵扣的部分在内销货物的应纳税额中抵扣，对不足抵扣的部分实行退税。主要适用于生产企业，包括有进出口经营权生产企业和无进出口经营权生产企业自营或委托外贸企业代理出口的货物

图1-3 出口货物增值税的退（免）税办法

（二）出口货物消费税的退（免）税办法

现行出口货物消费税的退（免）税办法主要有两种，具体如图1-4所示。

 免

> 生产企业出口自产的属于应征消费税的产品，实行免征消费税办法

退

对外贸企业收购后出口的应税消费品实行退税

图1-4 出口货物消费税的退（免）税办法

各类型企业和贸易方式适用的出口退（免）税方式如表1-9所示。

表1-9 各类型企业和贸易方式适用的出口退（免）税方式

纳税人性质		出口贸易方式	出口退（免）税方式	备注
生产企业	一般纳税人	一般贸易	免抵退税	对零退税率的出口货物应视同内销征税
		进料加工		
		来料加工	免税	
		间接出口	免税	
	小规模纳税人	一般贸易	免税	对零退税率的出口货物应视同内销征税
		进料加工	免税	
		间接出口	免税	对零退税率的出口货物应视同内销征税
		来料加工	免税	
外贸企业	一般纳税人	一般贸易	免退税	对零退税率的出口货物应视同内销征税
		进料加工	免退税	
		来料加工	免税	
商外贸企业	小规模纳税人	一般贸易	免税	对零退税率的出口货物应视同内销征税
		进料加工	免税	
		来料加工	免税	

要素07：出口货物退（免）税的期限

退税期限是指货物出口的行为发生后，申报办理出口退税的时间要求。它包括多长时间办理一次退税，以及在什么时间段内申报退税。

（1）出口企业应在货物报关出口之日［以出口货物报关单（出口退税专用）上注明的出口日期为准，下同］起90日内，向退税部门申报办理出口货物退（免）税手续。逾期不申报的，除另有规定者和确有特殊原因经地市级以上税务机关批准者外，不再受理该笔出口货物的退（免）税申报。

（2）对中标机电产品和外商投资企业购买国产设备等其他视同出口货物的，应自购买产品开具增值税专用发票的开票之日起90日内，向退税部门申报办理出口货物退（免）税手续。

特别提示

对出口企业出口货物纸质退税凭证丢失或内容填写有误，按有关规定可以补办或更改的，出口企业可在申报期限内，向退税部门提出延期办理出口货物退（免）税申报的申请，经批准后，可延期3个月申报。

要素08：出口货物退（免）税的地点

退（免）税地点，是出口企业按规定申报退（免）税的所在地。按有关规定，出口退（免）税的地点可划分为以下几种情况，具体如图1-5所示。

情况一 ▶ 外贸企业自营（委托）出口的货物，由外贸企业向其所在地主管出口退税的国税机关申报办理

情况二 ▶ 生产企业自营（委托）出口的货物，报经其主管征税的税务机关审核后，再向其主管出口退税的税务机关申报办理

情况三	出口企业在异地设立分公司的，总机构有出口权，分支机构是非独立核算的企业，一律汇总到总机构所在地办理退（免）税；经过外经贸部批准设立的独立核算的分支机构（具有自营出口权），可以在分支机构所在地申报办理退（免）税
情况四	其他特准予以退税的出口货物，如外轮供应公司等销售给外轮、远洋国轮而收取外汇的货物等，由企业向所在地主管出口退税的国税机关申报办理退税

图1-5　出口货物退（免）税地点的四种情况

第二章　企业出口退（免）税资格的认定

企业如果要从事货物进出口或者技术进出口贸易，必须根据《中华人民共和国对外贸易法》和《对外贸易经营者备案登记办法》向国务院对外贸易主管部门或者其委托的机构办理资格认定手续。

第一节　对外贸易经营者备案登记

企业若要从事货物进出口或者技术进出口贸易，必须根据《中华人民共和国对外贸易法》和《对外贸易经营者备案登记办法》向国务院对外贸易主管部门或者其委托的机构办理备案登记。因为如果不办理备案登记，海关就不予办理进出口的报关验放手续，当然也就不存在出口退（免）税业务了。

要点01：备案登记

（一）申请备案登记

1. 确定经营范围

办理对外贸易经营者备案登记的企业，必须首先取得工商营业执照，并在经营范围中有从事相关"进出口"或"货物及技术进出口"经营业务；在营业执照中无从事"进出口"业务经营范围的企业，须先到工商部门增加经营范围，然后可以在商务部网站中的

"对外贸易经营者备案登记系统"内进行申报。

2．网上申请

对外贸易企业的备案登记实行网上申请，可点击网页中的"对外贸易经营者网上备案登记"，并在网上认真填写"对外贸易经营者备案登记表"中所有事项的信息，确保所填写内容完整、准确和真实。

特 别 提 示

填写"对外贸易经营者备案登记表"时要注意：

（1）使用简体中文填写表格。

（2）"联系电话"栏中请填写经办人办公电话。

（3）"经营者中文名称"栏中应填写企业名称。

（4）必须填写"经营者英文名称"和"英文营业地址"。

（5）"备案地区"栏应具体到企业所在区。

3．打印"对外贸易经营者备案登记表"并签字、盖章

企业在提交网上申请数据后，应将在网上填写好的"对外贸易经营者备案登记表"打印下来（包括正面和反面，打在同一张A4纸上），认真阅读"对外贸易经营者备案登记表"背面的条款，并由企业法定代表人或个体工商户负责人签字、盖章。

4．企业所在区市外经贸主管部门审核

企业所在区市外经贸主管部门通常会在规定的工作日内对企业备案登记资料进行审核。企业可以在相关网站上点击"对外贸易经营者备案登记办理情况查询"，输入经营者名称的两个关键字进行查询（如经营者名称为"深圳市××有限公司"，则输入关键字"××"查询即可）。如查询结果已显示所查企业信息，便可以携带领取证书需要提供的相关材料去领取"对外贸易经营者备案登记表"。

（二）领取证书

在企业所在区市外经贸主管部门规定的办理工作日之后，企业可以凭以下材料去领取证书。

（1）盖章签字的"对外贸易经营者备案登记表"（备案系统中打印）。

（2）营业执照复印件（正本或副本）。

（3）组织机构代码证书复印件。

（4）企业法人或个体工商户负责人身份证复印件。

（5）领证人非法人的，应提供已签字盖公章的法人委托书和领证人身份证复印件。

（6）对外贸易经营者为外商投资企业的，提交外商投资企业批准证书复印件。

（7）依法办理工商登记的个体工商户（独资经营者），须提交合法公证机构出具的财产公证证明；依法办理工商登记的外国（地区）企业，须提交由合法公证机构出具的资金信用证明文件。

外经贸主管部门对以上材料复印件均需校验原件，所以办理人一定要记得把原件带上。

  领取"对外贸易经营者备案登记表"时，如企业名称、法人代表、企业类型、营业执照等项目与网上申报的信息不一致，企业应按规定办理变更手续。如果组织机构代码证编码与网上申报的信息不一致，企业须在窗口提交以下材料办理上报商务部修改代码的申请。

  （1）书面报告（上报错误的情况说明，由法人签字，盖企业公章）。

  （2）组织机构代码证书复印件（原件核对）。

  （3）营业执照复印件（原件核对）。

  （4）法人身份证复印件（原件核对）。

  （5）领证人非法人的，应提供已签字盖公章的法人委托书和领证人身份证复印件。

  待商务部批复后，企业再重新进行网上申请。

  所以，企业在填报数据时务必认真填写和核对企业的"组织机构代码"。

要点02：变更事项的办理

（一）需要办理变更的事项

凡有下列登记事项之一发生变更的对外贸易经营者，必须办理对外贸易经营者备案登记事项变更手续。

（1）企业名称（包括中、英文名称）。

（2）经营场所（包括营业地址和住所）。

（3）法定代表人。

（4）注册资本。

（5）联系方式（包括联系电话、传真、电子邮箱）。

（二）办理变更须提交的材料

（1）事项变更申请书（简要说明要申请变更的项目和理由）。

（2）加盖公章的"对外贸易经营者备案登记表事项变更申请表"。

（3）营业执照复印件。

（4）企业信息变更（除电话、传真、电子邮箱、邮政编码、经营者英文名称外）须登录网站进行信息填写，并打印企业变更事项查询单。

（5）"对外贸易经营者备案登记表"。

（6）法人代表变更，须提交变更后的法人代表的身份证复印件。

特别提示

对外贸易经营者必须正确填写变更申请表，在"申请变更内容"栏目中填写相应变更项目，在未发生变更的栏目内填写"无变更"或画斜杠。提交的材料须用A4纸打（复）印，提交材料时须带原件核对。

（三）办理变更的步骤

办理变更的步骤如图2-1所示。

步骤一　企业填写"对外贸易经营者备案登记表事项变更申请表"，并向办证窗口提交上述材料

步骤二　工作人员将有关数据通过网络报送商务部，同时根据需要变更或发放新的"对外贸易经营者备案登记表"

| 步骤三 | 在规定的工作日后，企业到办证窗口领取"对外贸易经营者备案登记表"；领证人为非法人的，应提供已签字盖公章的法人委托书和领证人身份证复印件 |

| 步骤四 | 企业凭变更后的"对外贸易经营者备案登记表"到海关、外汇、税务等部门办理相应变更手续 |

图2-1　办理变更的步骤

要点03：备案登记补、换证书

（一）补、换证书的情况

备案登记补、换证书的情况有三种，具体如图2-2所示。

| 情况一 | 遗失"对外贸易经营者备案登记表"或《中华人民共和国进出口企业资格证书》 |

| 情况二 | "对外贸易经营者备案登记表"或《中华人民共和国进出口企业资格证书》发生严重污损 |

| 情况三 | 因有关部门的要求或其他需要，把《中华人民共和国进出口企业资格证书》置换为"对外贸易经营者备案登记表" |

图2-2　备案登记补、换证书的情况

（二）办理步骤

凡遗失"对外贸易经营者备案登记表"或《中华人民共和国进出口企业资格证书》的企业，须按照图2-3所示的程序办理补领手续。

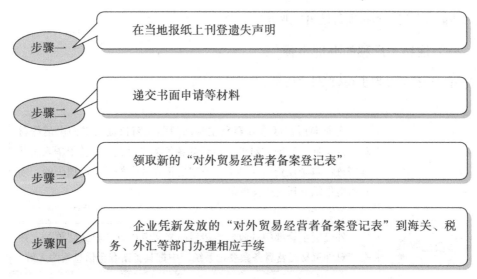

图2-3　补、换证书的办理步骤

（三）提交材料

备案登记补、换证书应提交以下材料。

（1）书面申请（写明补、换证书的理由，刊登遗失声明情况，盖单位公章，由法人代表签字）。

（2）刊登遗失声明的报纸原件（遗失声明中应说明企业名称及所遗失登记表左上角编码，并声明该证书作废）。

（3）营业执照复印件。

（4）组织机构代码证书复印件。

（5）只遗失正本或副本证书的企业，须将其未遗失证书的原件交回。

（6）企业法人或个体工商户负责人身份证复印件。

（7）办理人为非法人的，应提供已签字盖公章的法人委托书和领证人身份证复印件。

提交材料必须用A4纸打（复）印，提交材料时须带原件核对。

要点04：注销、迁移

已备案登记的对外贸易企业如因公司取消进出口业务、停业、外迁等原因，可自愿申请注销其备案登记，不再经营进出口业务。

（一）注销、迁移的办理步骤

注销、迁移的办理步骤如图2-4所示。

企业向所在区市外经贸主管部门办证窗口提交书面申请等材料，并交回持有的"对外贸易经营者备案登记表"或《中华人民共和国进出口企业资格证书》。备案登记表或资格证书已遗失的，须在当地报纸上刊登遗失声明

外经贸主管部门处收到申请后向来文者出具"收文回单"，并在"对外贸易经营者备案登记系统"中把其备案登记信息置为无效

图2-4　注销、迁移的办理步骤

（二）提交材料

在办理注销、迁移时应提交以下材料。

（1）书面申请，内容包括申请注销原因；迁移出当地的还须注明迁入地区等，并要加盖公章，由法人代表签字。

（2）法人代表身份证复印件（原件校验）。

（3）办理人为非法人的，应提供已签字盖公章的法人委托书和领证人身份证复印件。

（4）营业执照复印件（原件校验）。

（5）组织机构代码证书复印件（原件校验）。

（6）《中华人民共和国进出口企业资格证书》（正、副本）或"对外贸易经营者备案登记表"。

要点05：备案登记的后续业务办理

对外贸易经营者应自领取"对外贸易经营者备案登记表"之日起1个月内，按表2-1所示的程序到海关、税务、外汇管理、检验检疫等部门办理开展进出口业务所需的有关手续。

表2-1　备案登记的后续业务

序号	部门	具体说明
1	电子口岸	办理"电子口岸执法系统"的有关登记录入手续（涉及质量技术监督局、工商局、海关、国税局、外汇管理局等部门）
2	海关	凭"对外贸易经营者备案登记表"等，到海关办理注册登记并领取《报关注册登记证明书》
3	工商局	若办理工商营业执照变更，须到工商局办理变更手续
4	国税局	凭"对外贸易经营者备案登记表"、《报关注册登记证明书》等到国税局办理登记手续
5	外汇管理局	办理进口购汇和出口核销的登记备案手续
6	出入境检验检疫局	携带营业执照副本、对外贸易经营者备案登记表、《报关注册登记证明书》等到出入境检验检疫局办理进出口商检的有关手续

第二节　出口退（免）税资格的认定

对外贸易经营企业应按《中华人民共和国对外贸易法》和商务部《对外贸易经营者备案登记办法》的规定办理备案登记后，没有出口经营资格的生产企业委托出口自产货物（含视同自产产品），应分别在备案登记、代理出口协议签订之日起30日内持有关资料，填写"出口货物退（免）税认定表"，到所在地税务机关办理出口货物退（免）税认定手续。特定退（免）税企业和人员办理出口货物退（免）税认定手续按国家有关规定执行。

要点01：出口货物退（免）税资格认定流程

出口退（免）税资格认定流程如图2-5所示。

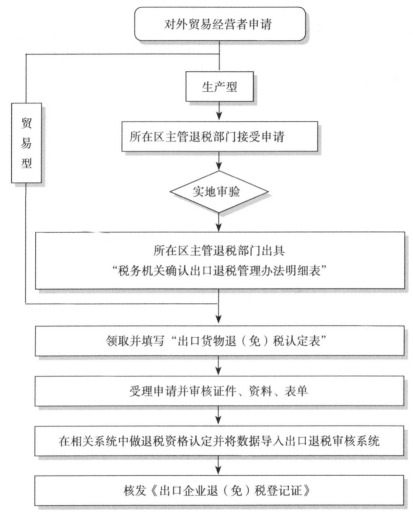

图2-5 出口退（免）税资格认定流程

要点02：企业确认是否具备认定条件

对外贸易经营者（以下简称"申请人"）要申请办理出口货物退（免）税认定手续，须符合以下各项条件。

（1）按《中华人民共和国对外贸易法》和《对外贸易经营者备案登记办法》的规定办理对外贸易经营者备案登记。

（2）必须持有工商行政管理部门核发的《营业执照》或其他核准执业证件。

（3）必须是实行独立经济核算的单位，即对生产经营活动及其成果进行全面、系统的会计核算的单位。独立核算的单位一般应同时具备四个方面的条件：第一，是具有法人地位的经济实体；第二，有完整的会计工作组织体系；第三，独立编制财务收支计划和资金平衡表，自行计算盈亏；第四，在银行开设独立账户，可以对外办理购销业务和货款结算等。对凡不同时具备上述条件的企业单位，一般不予办理出口货物退（免）税认定。有些地区在办理出口货物退（免）税认定手续时，增值税一般纳税人还须提供增值税一般纳税人认定证书或证明。

要点03：企业需要提交的资料

办理出口退（免）税资格的认定，须携带以下资料。

（1）出口货物退（免）税认定表（一式两份）。

（2）出口退免税企业基本情况采集表。

（3）《营业执照》（副本）原件及复印件。

（4）《国税税务登记证》（副本）原件及复印件。

（5）《增值税一般纳税人资格证书》复印件（一般纳税人提供）。

（6）由商务部及其授权单位加盖备案登记专用章的"对外贸易经营者备案登记表"或《中华人民共和国外商投资企业批准证书》原件及复印件。

（7）主管海关核发的《自理报关单位注册登记证明书》复印件。

（8）招标单位所在地国家税务局签发的《中标证明通知书》复印件（无进出口经营权的中标企业提供）。

（9）商务部批准使用中国政府优惠贷款和合资合作项目基金援外的批文复印件（援外出口企业提供）。

（10）委托出口协议复印件（无进出口经营权的委托出口企业提供）。

（11）来料加工合同。

（12）《电子缴税入库系统委托缴税协议书》。

（13）符合国家产业政策的外商投资项目确认书原件及复印件。

要点04：税务机关受理认定、核发认定表

税务机关对提供资料完整、填写内容准确、各项手续齐全、无违章问题、符合条件的申请事项当场办结；对申请人提交的证件和资料明显有疑点的，在2个工作日内转下一环节，经核实符合规定的，自受理之日起20个工作日内办结。

税务机关受理登记后，按现行出口货物退（免）税政策的规定，进行全面审核（包括资料审核和实地审核），同时对退税公式、退税方法、申报方式进行核定。

退税公式：根据经营者类型及政策规定确定所适用的退税公式。

退税方法：计算出口退税采取的方法，如单票对应法、免抵退税法等。

申报方式：对实行计算机申报、审核退税的企业，可以由主管退税业务的税务机关集中申报录入或企业自行申报录入，特殊行业可出企业手工填报。

确认结束后，经办人签字盖章并报负责人审批。对符合规定的予以登记，签发"出口货物退税认定表"，加盖主管退税业务的税务机关行政公章，交经营者。

第三节　进出口货物收发货人海关注册登记

有了"对外贸易经营者备案登记表"就有了进出口资格，但是要实际操作进出口业务，还必须到海关办理《进出口货物收发货人登记证书》。

企业申请办理海关注册相关业务，必须录入并向海关提交申请业务的电子数据，如未录入电子数据，窗口将不予受理。

要点01：进出口货物收发货人注册登记

企业在办理进出口货物收发货人注册登记时应提交下列材料。

（1）《企业法人营业执照》（个人独资、合伙企业或者个体工商户提交《营业执照》副本）原件及加盖公章的复印件。

（2）对外贸易经营者备案登记表（法律、行政法规或者商务部规定不需要备案登记

的除外；外资企业提供政府主管部门对合同章程的批准文件及《中华人民共和国台、港、澳、侨投资企业批准证书》或《中华人民共和国外商投资企业批准证书》）原件及加盖公章的复印件。

（3）企业章程原件及加盖公章的复印件（非企业法人免提交）。

（4）"报关单位情况登记表""报关单位管理人员情况登记表"。

（5）《组织机构代码证书》副本原件及加盖公章的复印件。

（6）《税务登记证》（国税）副本原件及加盖公章的复印件。

（7）银行开户证明原件及加盖公章的复印件。

（8）报关专用章印模。

要点02：进出口货物收发货人换证

《中华人民共和国海关进出口货物收发货人报关注册登记证书》有效期为3年，企业应关注其有效期，并在有效期届满前30日到注册地海关办理换证手续。

企业向注册地海关申请办理换证，应提交下列材料。

（1）《企业法人营业执照》副本复印件（个人独资、合伙企业或者个体工商户提交营业执照副本复印件）。

（2）"对外贸易经营者登记备案表"复印件（法律、行政法规或者商务部规定不需要备案登记的除外）。

（3）《中华人民共和国外商投资企业批准证书》《中华人民共和国台、港、澳、侨投资企业批准证书》复印件（限外商投资企业提交）。

（4）报关单位情况登记表。

（5）企业管理人员情况登记表。

（6）出资者情况登记表。

（7）报关员情况登记表。（无报关员的免提交。）

（8）《中华人民共和国海关进出口货物收发货人报关注册登记证书》。

进出口企业应按照海关规定提交有关材料，对规定提交复印件的，应将正本交海关审核。

第四节　出口企业电子口岸入网手续

要点01：出口企业提出入网申请

企业到所在地的数据分中心或制卡代理点领取并如实填写"中国电子口岸企业情况登记表"和"中国电子口岸企业IC卡登记表"，由企业法人签字并加盖公章。其中，在"中国电子口岸企业IC卡登记表"填写企业法人卡持卡人信息及企业操作员卡持卡人信息。申请企业法人卡只须填写"法人卡持卡人基本信息"栏，申请企业操作员卡须填写"操作员卡持卡人基本信息"栏及其下面内容。企业如申请多张操作员卡，则须按照企业指定的操作员人数每人填写一份。

要点02：企业信息备案

企业到所在地的数据分中心或制卡代理点进行企业信息的备案工作，各类企业进行备案所需携带的材料（正本或副本原件及复印件）如下。

（一）进出口企业、外贸中介服务企业

进出口企业、外贸中介服务企业须携带以下材料。

（1）《企业法人营业执照》或《企业营业执照》。

（2）《税务登记证》或《外商投资企业税务登记证》。

（3）《中华人民共和国组织机构代码证》，包括电子副本IC卡。

（4）《报关单位登记注册证明》（如企业有报关员，须带《报关员证》）。

（5）由企业负责人签字并加盖公章的"中国电子口岸企业情况登记表"和"中国电子口岸企业IC卡登记表"。

（6）企业如需办理外经贸或外汇管理等业务，还须分别提供《中华人民共和国进出口企业资格证书》或《中华人民共和国外商投资企业批准证书》或"对外贸易经营者备案登记表"、《外汇核销资格证明》等材料。

（二）加工贸易企业、外贸货主单位

加工贸易企业、外贸货主单位须携带以下材料。

（1）《企业法人营业执照》或《企业营业执照》。

（2）《税务登记证》或《外商投资企业税务登记证》。

（3）《中华人民共和国组织机构代码证》，包括电子副本IC卡。

（4）由企业负责人签字并加盖公章的"中国电子口岸企业情况登记表"和"中国电子口岸企业IC卡登记表"。

（5）企业如需办理海关、外经贸或外汇管理等业务，还须分别提供《报关单位登记注册证明》（如企业有报关员，须带《报关员证》）、《中华人民共和国进出口企业资格证书》或《中华人民共和国外商投资企业批准证书》或"对外贸易经营者备案登记表"、《外汇核销资格证明》等材料。数据分中心或制卡代理点根据企业提供的上述材料，进行企业信息备案工作，并生成"中国电子口岸企业入网资格审查记录表"，交企业到技术监督局、工商局、税务局审批。

要点03：企业入网资格审批

企业持"中国电子口岸企业入网资格审查记录表"，并分别携带《中华人民共和国组织机构代码证》《企业法人营业执照》或《企业营业执照》《税务登记证》或《外商投资企业税务登记证》到所在地技术监督局、工商局、税务部门进行企业入网资格审批工作。特殊企业因不具备法人资格，无须办理企业信息备案和企业入网资格审批业务。

要点04：制作企业法人卡和操作员卡

企业持经所在地技术监督局、工商局、税务局审批的"中国电子口岸企业入网资格审查记录表"，到所在地的数据分中心或制卡代理点制作企业法人卡。特殊企业经数据中心和所在地数据分中心两方认可后，可直接到所在地的数据分中心或制卡代理点制作企业法人卡。企业持法人卡登录中国电子口岸身份认证系统，使用"制卡发卡"功能导入（或在线录入）企业操作员信息并申报。数据分中心或制卡代理点工作人员在线审批操作员信息后，即可制作企业操作员卡。

要点05：业务部门审批

进出口企业、外贸中介服务企业办理海关业务之前必须由海关部门进行相关审批工作。此外各类企业（包括特殊企业）如需办理海关报关、外汇、外贸等相关业务，也必须分别由上述业务部门进行审批。企业持法人卡登录中国电子口岸身份认证系统，使用"数据备案"功能向相关业务部门进行企业和IC卡等信息的备案。

企业分别携带《报关单位登记注册证明》《中华人民共和国进、出口企业资格证书》《中华人民共和国外商投资企业批准证书》或"对外贸易经营者备案登记表"、《外汇核销资格证明》等材料到所在地海关、外贸部门、外汇部门进行相关业务的审批工作。

要点06：企业领取IC卡等软硬件设备

企业领卡人持单位介绍信、本人身份证明到所在地的数据分中心或制卡代理点，缴纳IC卡、读卡器、Oracle Lite软件的成本费用后，领取上述软硬件设备。同时，可免费获得中国电子口岸系统安装盘1张。

> 各类证件复印件和受理回执在企业办理入网手续过程中流转，企业要妥善保管，不得遗失。

第五节　货物贸易外汇监测系统（企业端）

要点01：废除出口收汇核销手续

国家外汇管理局、海关总署和国家税务总局联合颁布的《关于货物贸易外汇管理制度改革的公告》（国家外汇管理局公告2012年第1号）规定自2012年8月1日起在全国范围内实施货物贸易外汇管理制度改革，并相应调整出口报关流程，简化出口退税凭证。

根据此公告，之前采用的出口收汇核销手续被彻底废除。公告内容如下。

国家外汇管理局、海关总署和国家税务总局《关于货物贸易外汇管理制度改革的公告》（国家外汇管理局公告2012年第1号）

为大力推进贸易便利化，进一步改进货物贸易外汇服务和管理，国家外汇管理局、海关总署、国家税务总局决定，自2012年8月1日起在全国实施货物贸易外汇管理制度改革，并相应调整出口报关流程，优化升级出口收汇与出口退税信息共享机制。现公告如下。

一、改革货物贸易外汇管理方式

改革之日起，取消出口收汇核销单（以下简称核销单），企业不再办理出口收汇核销手续。国家外汇管理局分支局（以下简称外汇局）对企业的贸易外汇管理方式由现场逐笔核销改变为非现场总量核查。外汇局通过货物贸易外汇监测系统，全面采集企业货物进出口和贸易外汇收支逐笔数据，定期比对、评估企业货物流与资金流总体匹配情况，便利合规企业贸易外汇收支；对存在异常的企业进行重点监测，必要时实施现场核查。

二、对企业实施动态分类管理

外汇局根据企业贸易外汇收支的合规性及其与货物进出口的一致性，将企业分为A、B、C三类。A类企业进口付汇单证简化，可凭进口报关单、合同或发票等任何一种能够证明交易真实性的单证在银行直接办理付汇，出口收汇无须联网核查；银行办理收付汇审核手续相应简化。对B、C类企业在贸易外汇收支单证审核、业务类型、结算方式等方面实施严格监管，B类企业贸易外汇收支由银行实施电子数据核查，C类企业贸易外汇收支须经外汇局逐笔登记后办理。

外汇局根据企业在分类监管期内遵守外汇管理规定情况，进行动态调整。A类企业违反外汇管理规定将被降级为B类或C类；B类企业在分类监管期内合规性状况未见好转的，将延长分类监管期或被降级为C类；B、C类企业在分类监管期内守法合规经营的，分类监管期满后可升级为A类。

三、调整出口报关流程

改革之日起，企业办理出口报关时不再提供核销单。

四、简化出口退税凭证

自2012年8月1日起报关出口的货物（以海关"出口货物报关单[出口退税专用]"注明的出口日期为准，下同），出口企业申报出口退税时，不再提供核销单；税务局参考外汇局提供的企业出口收汇信息和分类情况，依据相关规定，审核企业出口退税。2012年8月1日前报关出口的货物，截至7月31日未到出口收汇核销期限且未核销的，按本条第一款规定办理出口退税。

2012年8月1日前报关出口的货物，截至7月31日未到出口收汇核销期限但已核销的以及已到出口收汇核销期限的，均按改革前的出口退税有关规定办理。

五、出口收汇逾期未核销业务处理

2012年8月1日前报关出口的货物，截至7月31日已到出口收汇核销期限的，企业应不迟于7月31日办理出口收汇核销手续。

自8月1日起，外汇局不再办理出口收汇核销手续，不再出具核销单。企业确需外汇局出具相关收汇证明的，外汇局参照原出口收汇核销监管有关规定进行个案处理。

六、加强部门联合监管

企业应当严格遵守相关规定，增强诚信意识，加强自律管理，自觉守法经营。国家外汇管理局与海关总署、国家税务总局将进一步加强合作，实现数据共享；完善协调机制，形成监管合力；严厉打击各类违规跨境资金流动和走私、骗税等违法行为。

本公告涉及有关外汇管理、出口报关、出口退税等具体事宜，由相关部门另行规定。之前法规与本公告相抵触的，以本公告为准。自2012年8月1日起，本公告附件所列法规全部废止。

特此公告。

二〇一二年六月二十七日

要点02：货物贸易外汇监测系统（企业端）业务流程

货物贸易外汇监测系统（企业端）具体流程如图2-6和图2-7所示。

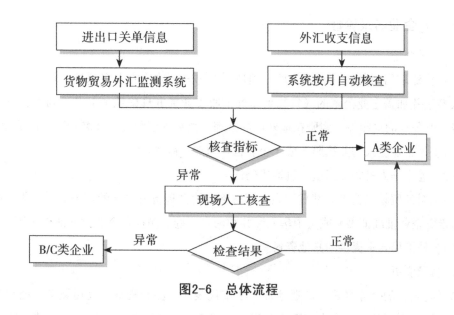

图2-6　总体流程

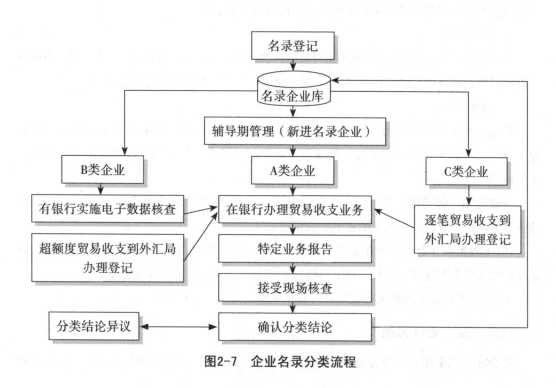

图2-7　企业名录分类流程

（一）企业名录管理

1. 名录登记

企业依法取得对外贸易经营权后，须持《贸易外汇收支企业名录登记申请书》、法定代表人签字并加盖企业公章的《货物贸易外汇收支业务办理确认书》及下列资料有效原件及加盖企业公章的复印件，到所在地外汇局办理"贸易外汇收支企业名录"登记手续。

（1）《企业法人营业执照》或《企业营业执照》副本。

（2）《中华人民共和国组织机构代码证》。

（3）对外贸易经营者备案登记表（依法不需要办理备案登记的可提交《中华人民共和国外商投资企业批准证书》或《中华人民共和国台、港、澳投资企业批准证书》等）。

（4）外汇局要求提供的其他资料。

2. 名录变更

名录内企业的企业名称、注册地址、法定代表人、注册资本、公司类型、经营范围或联系方式发生变更的，应当在变更事项发生之日起30天内，持相应变更文件或证明的原件及加盖企业公章的复印件到所在地外汇局办理名录变更手续。

3. 名录注销

名录内企业终止经营或不再从事对外贸易；被工商管理部门注销或吊销营业执照；被商务主管部门取消对外贸易经营权的，应当在30天内主动到所在地外汇局办理名录注销手续。

4. 辅导期管理

外汇局对于《货物贸易外汇管理试点指引实施细则》实施后新列入名录的企业实施辅导期管理。在其发生首笔贸易外汇收支业务之日起90天内，外汇局进行政策法规、系统操作等辅导。

企业应当在辅导期结束后10个工作日内，持下列书面材料到外汇局报告辅导期内发生的货物进出口与贸易外汇收支的逐笔对应情况。

（1）根据辅导期内实际业务发生情况，逐笔对应货物进出口与贸易外汇收支或转口贸易外汇收入与支出数据，填写"进出口收付汇信息报告表"并加盖企业公章。

（2）外汇局要求的相关有效凭证、商业单据或其他证明材料。

（二）企业管理分类

对企业分类采用动态分类管理，并动态调整分类结果，也就是根据贸易外汇收支合规性，由外汇管理局视情况将企业分为A、B、C三类。如果A类企业违反外汇管理法规的话，将被降级为B类或C类；B、C类企业在分类监管期内守法合规经营期满可升级为A类，监管有效期为一年。

按遵守外汇管理规定等情况，将企业分成A、B、C三类并予以差别待遇，具体如表2-2所示。

表2-2　企业管理分类

序号	类别	具体说明	差别待遇
1	A类企业	外汇局根据现场核查结果，结合企业核查期内企业遵守外汇管理相关规定，且贸易外汇收支经外汇局非现场或现场核查情况正常的，可被列为A类企业	对A类企业贸易外汇收支，适用便利的管理措施，即进口付汇单证简化，可凭进口报关单、合同或发票等任何一种能够证明交易真实性的单证在银行直接办理付汇，出口收汇无须联网核查，银行办理收付汇审核手续相应简化
2	B类企业	存在下列情况之一的企业，外汇局可将其列为B类企业： （1）存在《货物贸易外汇管理试点指引实施细则》第三十二条规定情况之一且经现场核查企业无合理解释 （2）未按规定履行报告义务 （3）未按规定办理货物贸易外汇业务登记 （4）在外汇局实施现场核查时，未按规定的时间和方式向外汇局报告或提供资料 （5）应国家相关主管部门要求实施联合监管的 （6）外汇局认定的其他情况	对B、C类企业贸易外汇收支单证审核、业务类型、结算方式等方面实施严格监管，B类企业贸易外汇收支由银行实施电子数据核查；C类企业贸易外汇收支须经外汇管理局逐笔登记后办理
3	C类企业	存在下列情况之一的企业，外汇局可将其列为C类企业： （1）最近12个月内因严重违反外汇管理规定受到外汇局处罚或被司法机关立案调 （2）阻挠或拒不接受外汇局现场核查，或向外汇局提供虚假资料	

（续表）

序号	类别	具体说明	差别待遇
3	C类企业	（3）B类企业在分类监管有效期届满经外汇局综合评估，相关情况仍不符合列入B类企业标准 （4）因存在与外汇管理相关的严重违规行为被国家相关主管部门处罚 （5）外汇局认定的其他情况	对B、C类企业贸易外汇收支单证审核、业务类型、结算方式等方面实施严格监管，B类企业贸易外汇收支由银行实施电子数据核查；C类企业贸易外汇收支须经外汇管理局逐笔登记后办理

特别提示

企业分类可通过监测系统查到。

（三）企业贸易外汇收支业务

1. 贸易外汇收支的范围

（1）从境外、境内保税监管区域收回的出口货款，向境外、境内保税监管区域支付的进口货款。

（2）从离岸账户、境外机构境内账户收回的出口货款，向离岸账户、境外机构境内账户支付的进口货款。

（3）深加工结转项下境内收付款。

（4）转口贸易项下收付款。

（5）其他与贸易相关的收付款。

2. 申报单证

企业应根据贸易外汇收支流向填写下列申报单证。

（1）向境外付款的（包括向离岸账户、境外机构境内账户付款），填写《境外汇款申请书》或《对外付款/承兑通知书》。

（2）向境内付款的，填写《境内汇款申请书》或《境内付款/承兑通知书》。

（3）从境外收款的（包括从离岸账户、境外机构境内账户收款），填写《涉外收入申报单》。

（4）从境内收款的，填写《境内收入申报单》。

（四）外汇管理局对企业的核查方式

1.非现场核查

外汇局依托监测系统按月对企业的贸易外汇收支进行非现场核查。外汇局可根据国际收支形势和外汇管理需要调整核查频率。

纳入非现场核查的数据包括企业最近12个月的相关贸易外汇收支和货物进出口数据。

外汇局根据企业进出口和贸易外汇收支数据，结合其贸易信贷报告等信息，设定总量差额、总量差额比率、资金货物比率、贸易信贷报告余额比率等总量核查指标，衡量企业一定期间内资金流与货物流的偏离和贸易信贷余额变化等情况，将总量核查指标超过一定范围的企业列入重点监测范围。外汇局根据实际情况设定并调整总量核查指标，具体如表2-3所示。

表2-3　核查指标

序号	指标	具体说明
1	总量差额	总量差额是指企业最近12个月内被外汇局纳入核查的贸易收支累计差额与货物进出口累计差额之间的偏差。总量差额指标上限由外管局根据实际情况设定；出现高于上限或低于下限预警的，企业及时核查贸易收支及货物进出口情况，对有偏差的数据及时报告或者前往外管现场报告 公式：总量差额=（Σ调整后进口额+Σ调整后收汇额）−（Σ调整后付汇额+Σ调整后出口额）
2	总量差额比率	总量差额比率是指总量差额与该企业同期被外汇局纳入核查的进出口和贸易外汇收支累计规模之间的比率 公式：总量差额比率=总量差额÷（Σ调整后进口额+Σ调整后收汇额+Σ调整后付汇额+Σ调整后出口额）×100%
3	资金货物比率	资金货物比率是指企业最近12个月内被外汇局纳入核查的贸易外汇收支累计规模与同期进出口累计规模之间的比率，即贸易外汇收支累计/进出口累计 公式：资金货物比率=（Σ调整后收汇额+Σ调整后付汇额）−（Σ调整后进口额+Σ调整后出口额）

（续表）

序号	指标	具体说明
4	贸易信贷报告余额比率	贸易信贷报告余额比率是企业按规定进行贸易信贷报告的月末余额合计与企业最近12个月内进出口和贸易外汇收支累计规模之间的比率，由系统后台自动计算 公式：贸易信贷报告余额比率=余额÷前12个月（Σ调整后进口额+Σ调整后出口额+Σ调整后收汇额+Σ调整后付汇额）

 特别提示

　　外汇局对B、C类企业以及经总量核查与专项监测后纳入重点监测范围的企业进行持续、动态监测。对于指标出现较大偏离、连续偏离或相关指标反映情况相互背离的企业，可实施现场核查；对于指标恢复正常的企业，解除重点监测。

　　以上相关业务指标可登录到货物贸易外汇监测系统查询，具体步骤如下。

　　（1）通过"企业信息管理"→"企业管理状态查询"→"业务指标情况"，可查看在最近一个核查周期，本企业各项总量核查指标的预警情况，以及同期各类分项业务指标，以便企业及时开展自查（具体见图2-8）。

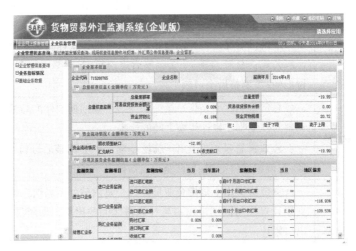

图2-8　货物贸易外汇监测系统（企业版）页面

（2）通过"企业信息管理"→"企业管理状态查询"→"基础业务数据"，可查看在最近一个核查周期，本企业的月度进出口和收付汇基础数据（具体见图2-9）。

图2-9　货物贸易外汇监测系统（企业版）页面

2. 现场核查

对核查期内存在下列情况之一的企业，外汇局可实施现场核查。

（1）任一总量核查指标与本地区指标阈值（一个领域或一个系统的界限称为阈，其数值称为阈值）偏离程度在50%以上。

（2）任一总量核查指标连续四个核查期超过本地区指标阈值。

（3）预收货款余额比率、预付货款余额比率、延期收款余额比率或延期付款余额比率大于25%。

（4）来料加工缴费率大于30%。

（5）转口贸易收支差额占支出比率大于20%。

（6）单笔退汇金额超过等值50万美元且退汇笔数大于12次。

（7）一年期以上的预收货款、预付货款、延期收款或延期付款各项贸易信贷发生额比率大于10%。

（8）外汇局认定的需要现场核查的其他情况。

外汇局可根据非现场核查情况，参考地区、行业、经济类型等特点对上述比例、金额或频次进行调整。

3．现场核查的应对

（1）对外汇局要求企业提交书面材料的，企业应在收到《现场核查通知书》之日起10个工作日内，向外汇局提交由法人代表或其授权人签字并加盖单位公章的书面报告及相关证明资料。书面报告内容应当包括但不限于企业生产经营情况、进出口及收付汇情况、资料流入或流出异常产生的原因。

（2）对外汇局约见法人代表或其授权人的，企业法人代表或其授权人应当在收到《现场核查通知书》之日起10个工作日内向外汇管理局说明相关情况。

（3）对外汇管理局现场查阅、复制被核查企业相关资料的，企业应当在收到《现场核查通知书》之日起10个工作日内准备好相关资料，配合外汇管理局现场核查人员工作。

（五）企业报告

1．需报告的情形

对符合下列情况之一的业务，企业应当在货物进出口或收付汇业务实际发生之日起30天内，通过监测系统向所在地外汇局报送对应的预计收付汇或进出口日期等信息。

（1）30天以上（不含）的预收货款、预付货款。

（2）90天以上（不含）的延期收款、延期付款。

（3）以90天以上（不含）信用证方式结算的贸易外汇收支。

（4）B、C类企业在分类监管有效期内发生的预收货款、预付货款，以及30天以上（不含）的延期收款、延期付款。

（5）单笔合同项下转口贸易收支日期间隔超过90天（不含）且先收后支项下收汇金额或先支后收项下付汇金额超过等值50万美元（不含）的业务。

2．企业报告的要求

企业报告的要求如表2-4所示。

表2-4　企业报告的要求

类型	功能模块	勾选内容	填写内容	管理要求
贸易信贷与贸易融资报告	预付货款	申报单号	预计进口日期、金额、关联关系类型	（1）在进出口或收付汇业务发生之日起30天内，通过监测系统主动向所在地外汇局报送相关信息
	预收货款	申报单号	预计出口日期、金额、关联关系类型	

（续表）

类型	功能模块	勾选内容	填写内容	管理要求
贸易信贷与贸易融资报告	延期付款	报关单号	预计付款日期、金额、关联关系类型	（2）超过30天的，企业应携情况说明及外汇管理局要求的相关证明材料到外汇局现场进行报告 （3）对已报告的业务，企业可在业务实际发生之日起30天内通过监测系统进行数据修改或删除；30天后（不含），企业可通过监测系统对截止上月末贸易信贷未到期部分信息进行数据调整操作，或携情况说明及外汇管理局要求的相关证明材料到外汇现场进行报告数据的修改或删除 （4）对因企业自身原因按规定应当报告而未报告的或企业报告信息错误且严重影响其外汇收支与进出口匹配的情况，可按规定移交外汇管理局检查部门或将其列为B类企业
	延期收款	报关单号	预计收款日期、金额、关联关系类型	
	进口贸易融资业务	报关单号	预计付款日期、金额、关联关系类型	
转口贸易报告	先收后支	申报单号	预计付款日期、金额	
	先支后收		预计收款日期、金额	
差额报告	多出口/多进口	报关单号	差额原因、差额金额	
	多收汇/多付款	申报单号		
贸易主体不一致业务报告	出口收汇数据主体变更	申报单号	转入方企业代码（整体过户）	（1）企业应在收汇或进口之日起30天内持相关材料到外汇管理局现场报告 （2）已报告的贸易主体不一致业务只能由原报告企业向所在地外汇管理局撤销变更
	进口报关单主体变更	报关单号		

要点03：货物贸易外汇监测系统（企业端）注册

（一）已开通国际收支网上申报或贸易收付汇核查系统的企业

企业若已开通国际收支网上申报或贸易收付汇核查系统，可以正常登录国家外汇管理局应用服务平台（ASOne）。企业凭已获得的管理员密码直接登录，在网站进行权限分配后即可正常使用。

（二）未开通以上业务的企业

企业若尚未开通以上业务，无法登录ASOne系统，则须携带组织机构代码证（副本）到外汇管理局现场办理网上开户手续获取企业密码。

第六节　商检备案登记

在国际贸易中，相关部门需要对进出口的商品进行检验。所以，进出口企业应办理商检备案登记。

要点01：网上申请

登录中国电子检验检疫业务网"自理报检单位备案登记"页面，按要求填写相关内容。

要点02：办理交表验证手续

完成网上申请后，在两周内到企业所在地的检验检疫机构办理交表验证手续，同时提供下列材料。

（1）申请成功后打印的"自理报检单位备案登记申请表"，并由法人代表签名，加盖单位公章；若报检时须使用"报检专用章"，应同时加盖"报检专用章"。

（2）有进出口经营权的国内各类企业和三资企业（合资、合作和独资企业），交验《企业营业执照》《组织机构代码证》和对外贸易有关证明文件，并交付有效复印件。

（3）出口货物运输包装生产企业，交验《企业营业执照》《组织机构代码证》和检验检疫局颁发的《包装许可证》，并交付有效复印件。

（4）出口货物生产企业及其他企业，交验《企业营业执照》和《组织机构代码证》，并交付有效复印件。

附表1：对外贸易经营者备案登记表

对外贸易经营者备案登记表（正面）

备案登记表编号：　　　　　　　　　　　进出口企业代码：

经营者中文名称			
经营者英文名称			
组织机构代码		经营者类型（由备案登记机关填写）	
住所			
经营场所（中文）			
经营场所（英文）			
联系电话		联系传真	
邮政编码		电子邮箱	
工商登记注册日期		工商登记注册号	

依法办理工商登记的企业还须填写以下内容

企业法定代表人姓名		有效证件号	
注册资金			（折美元）

依法办理工商登记的外国（地区）企业或个体工商户（独资经营者）还须填写以下内容

企业法定代表人/ 个体工商负责人姓名		有效证件号	
企业资产/个人财产			（折美元）

备注：	

填表前请认真阅读背面的条款，并由企业法定代表人或个体工商负责人签字、盖章。

备案登记机关

签章

____年____月____日

对外贸易经营者备案登记表（背面）

对外贸易经营者须做如下保证。

一、遵守《中华人民共和国对外贸易法》及其配套法规、规章。

二、遵守与进出口贸易相关的海关、外汇、税务、检验检疫、环保、知识产权等中华人民共和国的其他法律、法规、规章。

三、遵守中华人民共和国关于核、生物、化学、导弹等各类敏感物项和技术出口管制法规以及其他相关法律、法规、规章，不从事任何危害国家安全和社会公共利益的活动。

四、不伪造、变造、涂改、出租、出借、转让、出卖"对外贸易经营者备案登记表"。

五、在备案登记表中所填写的信息是完整的、准确的、真实的。所提交的所有材料是完整的、准确的、合法的。

六、在"对外贸易经营者备案登记表"上填写的任何事项自发生变化之日起，30日内到原备案登记机关办理"对外贸易经营者备案登记表"的变更手续。

以上如有违反，将承担一切法律责任。

对外贸易经营者签字、盖章

____年____月____日

注：1. 备案登记表中"组织机构代码"一栏，由企业、组织和取得组织机构代码的个体工商户填写。

2. 依法办理工商登记的外国（地区）企业，在经营活动中，承担有限/无限责任。依法办理工商登记的个体工商户（独资经营者），在经营活动中，承担无限责任。

3. 在工商登记营业执照中，如经营范围不包括进口商品的分销业务，备案登记机关应在备注栏中注明"无进口商品分销业务"。

附表2：出口退（免）税资格认定申请表

出口退（免）税资格认定申请表

纳税人名称	

（续表）

纳税人英文名称			
海关企业代码			
电话		传真	
邮编		电子信箱	
企业注册地址			
经营场所（中文）			
纳税人识别号		纳税人类型	增值税一般纳税人（　）
			增值税小规模纳税人（　）
			其他（　）
主管税务机关名称		纳税信用等级	
登记注册类型代码		行业归属代码	
隶属关系代码		经营者类型代码	
对外贸易经营者备案登记表编号			
是否提供零税率应税服务	是（　）否（　）	提供零税率应税服务代码	
工商登记	注册号	企业法人代表（个体工商负责人）	姓名
	注册日期		身份证号
	有效期		电话
	注册资金		
退税开户银行			
退税开户银行账号			
企业办理退（免）税人员	姓名	电话	
	身份证号		
	姓名	电话	
	身份证号		
享受增值税优惠政策情况			

（续表）

先征后退（　）	即征即退（　）	超税负返还（　）	其他（　）
主管外汇管理局			
附送资料			

| 退税计算办法及申报方式 |||||

退（免）税计算方法	1. 免抵退税（　）			
	2. 免退税（　）			
	3. 免税（　）			
	4. 其他（　）			
纸质凭证申报方式	上门申报（　）	数据电文申报	上门申报（　）	
	邮寄申报（　）		远程申报（　）	
是否分部核算	是（　）否（　）	分部核算部门代码		

申请认定者请认真阅读以下条款，并由企业法定代表人或个体工商负责人签字、盖章以示确认。

一、遵守各项税收法律、法规及规章。

二、在"出口退（免）税资格认定申请表"中所填写的信息及提交的材料是完整的、准确的、真实的。

三、在"出口退（免）税资格认定申请表"上填写的任何事项自发生变化之日起，30日内到原认定机关办理"出口退（免）税资格认定表"的变更手续。

以上如有违反，将承担一切法律责任。

此表一式两份。

法定代表人（申明签章）：

纳税人公章：

_____年____月____日

"出口退（免）税资格认定申请表"说明如下。

（1）纳税人名称：营业执照登记的企业名称全称。

（2）纳税人英文名称：按照"对外贸易经营者备案登记表"上的经营者英文名称填写。

（3）海关企业代码：海关注册登记的代码（10位）。

（4）纳税人识别号：国税税务登记证上的税务登记代码。

（5）纳税人类型：在一般纳税人、小规模纳税人、其他中相应的括号内画√。

（6）纳税信用等级：按主管税务机关认定的纳税信用等级填写。

（7）登记注册类型代码：按国税税务登记表上的注册类型填写，见以下所列"登记注册类型代码"。

（8）行业归属代码：按国税税务登记表上的行业归属填写，见以下所列"行业归属代码"。

（9）对外贸易经营者备案登记表编号：按照"对外贸易经营者备案登记表"有关内容填写。

（10）经营者类型代码：代码见"经营者类型代码"。

（11）提供零税率应税服务：代码见"提供零税率应税服务代码"。

（12）工商登记、法人姓名、注册资金：按工商登记的有关内容填写。

（13）退税开户银行、退税开户银行账号：填写银行账户开户许可证上的开户银行及账号。

附表3：填写出口退（免）税资格认定申请表时所要查阅的代码表

填写出口退（免）税资格认定申请表时所要查阅的代码表

经营者类型代码

经营者类型	代码	经营者类型	代码
生产企业	1	有生产能力的其他单位	3
外贸企业	2	没有生产能力的其他单位	4

登记注册类型代码

代码	名称	代码	名称
100	内资企业	200	港、澳、台商投资企业
110	国有企业	210	合资经营企业（港、澳、台资）
120	集体企业	220	合作经营企业（港、澳、台资）
130	股份合作企业	230	港、澳、台商独资经营公司
140	联营企业	240	港、澳、台商投资股份有限公司
141	国有联营企业	300	外商投资企业
142	集体联营企业	310	中外合资经营企业
143	国有与集体联营企业	320	中外合作经营企业
149	其他联营企业	330	外资企业
150	有限责任公司	340	外商投资股份有限公司
151	国有独资公司	350	外国企业
159	其他有限责任公司	351	外国企业常驻代表机构
160	股份有限公司	352	提供劳务、承包工程作业

（续表）

代码	名称	代码	名称
170	私营企业	353	支付单位扣缴预提所得税
171	私营独资企业	354	国际运输收入
172	私营合伙企业	359	其他
173	私营有限责任公司	400	个体
174	私营股份有限公司	410	个体工商户
190	其他企业	420	个体合伙
		900	其他

隶属关系代码

序号	代码	名称
1	10	中央
2	20	省级
3	30	市级
4	40	县级
5	90	其他

行业归属代码

代码	名称	代码	名称
01	粮油食品	07	机电产品
02	土畜产品	08	石油化工
03	纺织服装	09	建筑材料
04	医药保健	10	体育文化
05	轻工工艺	11	其他
06	冶金矿产		

提供零税率应税服务代码

序号	代码	名称
1	01	国际运输服务
2	02	研发服务
3	03	设计服务

第二部分

生产企业出口退税指南

导视图

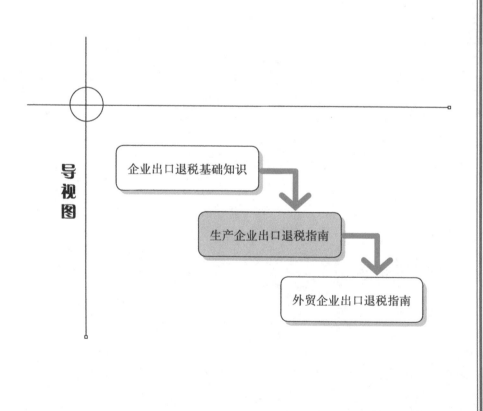

企业出口退税基础知识

生产企业出口退税指南

外贸企业出口退税指南

第三章　生产企业免抵退税的基本政策

免抵退税（也称"免、抵、退税"）是对生产型出口企业的增值税优惠政策。生产型出口企业要顺利进行税收的免抵退，必须了解相关的政策——适用的企业、适用的出口货物、免抵退税额的计算公式与步骤及申报的期限等。

第一节　免抵退税概述

概述01：免抵退税的概念

按《财政部国家税务总局关于进一步推进出口货物实行免抵退税办法的通知》（财税[2002]第007号）规定，在我国凡独立核算经主管国税机关认定为一般增值税纳税人的生产企业自营或委托外贸企业代理出口的自产货物，除另有规定外，一律实行免抵退税管理办法。免抵退税管理办法是当前国际上较为流行的一种退（免）税办法，被西方许多实行增值税的国家所采用。

（一）什么是免抵退税

"免"税，是指对生产企业出口的自产货物，免征本企业生产销售环节增值税。

"抵"税，是指生产企业出口自产货物所耗用的原材料、零部件、燃料、动力等所含应予退还的进项税额，抵顶内销货物的应纳税额。

"退"税，是指生产企业出口自产货物在当月内应抵顶的进项税额大于应纳税额时，对未抵顶完的部分予以退税。

（二）理解时的注意事项

要准确理解免抵退税的概念，应注意以下几点。

（1）免抵退税办法与免税办法的相同之处在于最后的出口销售环节免征增值税，主要区别在于对出口货物进项税的处理截然不同。免抵退税作为一种出口退税管理办法，在对出口货物进项税准予抵顶内销货物应纳税额的同时，对在当月内未抵顶完的部分予以退税，而免税办法对出口货物不征不退（即出口环节免税，对出口货物过去进项税也不予以退税）。

（2）免抵退税只涉及增值税一个税种，对生产企业出口自产的属于应征消费税的产品，实行免征消费税。

概述02：适用免抵退税办法的企业

免抵退税政策只适用于生产企业，这里所谓的"生产企业"是指独立核算，经主管国税机关认定为增值税一般纳税人，并且有实际生产能力的企业和企业集团。

概述03：适用免抵退税办法的出口货物

（1）生产企业自营或委托外贸企业代理出口的自产货物，除另有规定外，其增值税一律实行免抵退税管理办法。

（2）生产企业自营或委托外贸企业代理出口的符合国税函[2002]1170号文规定的"四类视同自产产品"的非自产货物执行免抵退税政策。

（3）生产企业自营或委托外贸企业代理出口的属于国家禁止出口、执行暂停退税、取消退税或免税政策的自产货物不适用免抵退税政策。

（4）生产企业自营或委托外贸企业代理出口的除国税函[2002]1170号文规定的"四类视同自产产品"以外的非自产货物一律不予办理免抵退税，必须视同内销计征销项税额。

概述04：新办生产企业出口货物办理免抵退税的条件

新办生产企业出口货物办理免抵退税的条件为：

（1）申请办理退（免）税认定；

（2）申请一般纳税人资格认定。

概述05：免抵退税的计算公式与步骤

免抵退税中的免抵退税额、应退税额和免抵税额主要分以下三个步骤逐项计算。

（一）计算期末留抵税额

期末留抵税额是计算应退税额和免抵退税额的重要依据，只有有期末留抵税额才能有应退税额。"当期期末留抵税额"的计算，在实际工作中是通过当期"增值税申报表"中的有关栏目计算出来的，当期应纳税额的计算公式为：

当期应纳税额＝当期内销货物的销项税额－（当期全部进项税额－当期进项税额转出＋上期留抵税额－上期免抵退货物应退税额）

（1）计算出的结果如果小于0，说明仍有未抵顶（抵扣）完的进项税额，其绝对值即为当期期末留抵税额。

（2）计算出的结果如果大于0，说明要纳税，已没有未抵顶（抵扣）完的税额，即当期期末留抵税额为0。

其中：当期应纳税额计算公式的当期进项税额转出，包括转厂销售不得抵扣税额和免抵退税不得免征和抵扣税额。

（1）转厂销售不得抵扣税额是指进项税额不能用于免税项目，所以需要从进项税额中转出进项成本和税额。

转厂销售不得抵扣税额＝转厂销售额÷全部销售金额（内销、转厂出口、直接出口）×（全部进项税额－海关代征增值税）

（2）免抵退税不得免征和抵扣税额是指当出口货物征、退税率不一致时，因退税率小于征税率，而导致部分出口货物进项税额不予抵扣和退税。

免抵退税不得免征和抵扣税额＝单证齐全出口货物离岸价×外汇人民币牌价×（出口货物征税率－出口货物退税率）－免抵退税不得免征和抵扣税额抵减额

免抵退税不得免征和抵扣税额抵减额＝单证齐全出口货物离岸价×外汇人民币牌价×计划分配率×（出口货物征税率－出口货物退税率）

计划分配率＝计划进口总值÷计划出口总值

综上所述，免抵退税不得免征和抵扣税额公式为：

免抵退税不得免征和抵扣税额=单证齐全出口货物离岸价×外汇人民币牌价×（1—计划分配率）×（出口货物征税率—出口货物退税率）

（二）计算免抵退税额

免抵退税额的计算公式为：

免抵退税额=单证齐全出口货物离岸价×外汇人民币牌价×出口货物退税率—免抵退税额抵减额

免抵退税额抵减额=单证齐全出口货物离岸价×外汇人民币牌价×计划分配率×出口货物退税率

综上所述，免抵退税额计算公式为：

免抵退税额=单证齐全出口货物离岸价×外汇人民币牌价×（1—计划分配率）×出口货物退税率

（三）计算当期应退税额和免抵税额

当期应退税额是通过当期期末留抵税额与免抵退税额比较的大小来确定的。

1.当期期末留抵税额小于或等于当期免抵退税额

如当期期末留抵税额小于或等于当期免抵退税额，则说明当期期末留抵税额与出口货物进项税额抵顶内销货物应纳税额未抵顶完的部分（即当期应退税额）相一致。此时，

当期应退税额=当期期末留抵税额

当期免抵税额=当期免抵退税额—当期应退税额

2.当期期末留抵税额大于当期免抵退税额

如当期期末留抵税额大于当期免抵退税额，则说明期末留抵税额中除了出口货物进项税额抵顶内销货物应纳税额未抵顶完的部分（当期应退税额）外，还有库存原材料的进项税额没有用于出口货物的生产，所以这时并不是把所有期末留抵税额作为应退税额，只有对用于出口货物的进项税才给予退税，应退税额最多只能是免抵退税额，免抵退税额是出口退税的尺度。因此当期期末留抵税额大于当期免抵退税额时，

当期应退税额=当期免抵退税额

当期免抵税额=0

当期期末留抵税额根据当期"增值税纳税申报表"中"期末留抵税额"确定。

概述06：进料加工手（账）册计划分配率

（一）确定2013年度计划分配率

1. 纸质手册和电子化手册计划分配率的确定

（1）企业在2012年1月1日至2013年6月30日已启用进料加工贸易手册并已申报办理免抵退税的，应于2013年7月免抵退税申报期内向主管税务机关报送"进料加工企业计划分配率备案表"，确定2013年度进料加工计划分配率。其2013年度进料加工计划分配率为最近启用手册的计划进口总额/计划出口总额×100%。

（2）企业在2012年1月1日至2013年6月30日未启用过进料加工贸易手册的，应在2013年7月1日后新启用进料加工贸易手册并实际发生首笔出口业务次月的免抵退税申报期内，向主管税务机关报送"进料加工企业计划分配率备案表"，确定2013年度进料加工计划分配率。其2013年度进料加工计划分配率为新启用手册的计划进口总额/计划出口总额×100%。

2. 电子账册计划分配率的确定

（1）企业在2012年1月1日至2013年6月30日已启用电子账册的，应于2013年7月免抵退税申报期内向主管税务机关报送"进料加工企业计划分配率备案表"，确定2013年度进料加工计划分配率。其2013年度进料加工计划分配率为上一个海关已核销报核周期的进口总额/出口总额×100%。若电子账册尚未报核过，则2013年度进料加工计划分配率为上一个已核销手册的进口总额/出口总额×100%。

（2）企业在2012年1月1日至2013年6月30日未启用过进料加工电子账册的，应于电子账册启用后实际发生首笔出口业务次月的免抵退税申报期内，报送"进料加工企业计划分配率备案表"，确定2013年度进料加工计划分配率。其2013年度进料加工计划分配率为上一个已核销手册的进口总额/出口总额×100%。

（二）确定2014、2015年度计划分配率

1. 纸质手册和电子化手册计划分配率的确定

（1）上年度有进料加工手册核销的，2014、2015年度计划分配率参照2013年度计划

分配率确认办法。纸质手册和电子化手册以最近启用手册或新启用手册的计划进口总额/计划出口总额×100%确定本年度计划分配率，并于上年度手册核销审核通过的次月或新手册启用后实际发生首笔出口业务次月的免抵退税申报期内报送"进料加工企业计划分配率备案表"。

（2）上年度无进料加工手册核销且有在用手册的，2014、2015年度计划分配率由出口退税申报、审核系统自动延用上一年度计划分配率，无须进行人工确认。

（3）2012年1月1日起未启用过进料加工手册的，应于新启用进料加工手册并实际发生首笔出口业务次月的免抵退税申报期内，报送"进料加工企业计划分配率备案表"，确定年度的计划分配率。其年度计划分配率为新启用手册计划进口总额/计划出口总额×100%。

2.电子账册计划分配率的确定

（1）上年度有进料加工电子账册报核周期核销的，2014、2015年度计划分配率参照2013年度计划分配率确认办法。2014、2015年度进料加工计划分配率为上一个海关已核销报核周期的进口总额/出口总额×100%，企业应于电子账册核销审核通过的次月免抵退税申报期内报送"进料加工企业计划分配率备案表"。

（2）上年度无进料加工电子账册报核周期核销且有在用电子账册的，2014、2015年度计划分配率由出口退税申报、审核系统自动延用上一年度计划分配率，无须进行人工确认。

（3）2012年1月1日起未启用过进料加工电子账册的，2014、2015年度新启用进料加工电子账册年度计划分配率为上一个已核销手册的进口总额/出口总额×100%。企业应于新账册启用后实际发生首笔出口业务次月的免抵退税申报期内报送"进料加工企业计划分配率备案表"，确定年度的计划分配率。

（三）确定2016年及以后年度的计划分配率

自2016年度开始，确认年度计划分配率严格按照12号公告的办法执行。

（1）企业在上一年度有进料加工手（账）册核销的，主管税务机关完成年度核销后，出口退（免）税申报、审核系统将自动以"生产企业进料加工业务免抵退税核销表"中的"上年度已核销手（账）册综合实际分配率"作为本年度进料加工计划分配率。

（2）企业在上一年度无进料加工手（账）册核销且有在用手册的，出口退（免）税申报、审核系统将自动延用上一年度的计划分配率，无须进行人工确认。

（3）企业自2012年1月1日起未启用过进料加工手（账）册的，应于新启用手（账）册实际发生首笔出口业务次月的免抵退税申报期内报送"进料加工企业计划分配率备案表"，确定年度的进料加工计划分配率。新启用纸质手册和电子化手册的年度进料加工计划分配率为新启用手册计划进口总额/计划出口总额×100%；新启用电子账册的年度计划分配率为上一个已核销手册的进口总额/出口总额×100%。

概述07：生产企业税负率的计算公式

生产企业税负率的计算公式为：

免抵退税出口企业增值税税负率＝（当期免抵税额＋当期应纳税额）÷（当期应税销售额＋当期免抵退税额销售额）×100%

企业税负率没有一定的标准。受行业及地区等因素的影响，不同行业的税负率是不一样的，所以企业的税负率根据行业的不同会有变化。

概述08：生产出口企业地税附加的申报

按照《财政部国家税务总局关于生产企业出口货物实行免抵退税办法后有关城市维护建设税教育费附加政策的通知》（财税[2005]25号）规定，经国务院批准，生产企业出口货物在全面实行免抵退税办法后，其城市维护建设税、教育费附加的政策明确如下。

（1）经国家税务局正式审核批准的当期免抵的增值税额应纳入城市维护建设税和教育费附加的计征范围，分别按规定的税（费）率征收城市维护建设税和教育费附加。

（2）2005年1月1日前，已按免抵的增值税税额征收的城市建设税和教育费附加不再退还，未征的不再补征。

（3）本通知自2005年1月1日起执行。

所以，既有出口又有内销的生产企业，应分别根据日常增值税申报主表的应纳税额和免抵退税申报汇总表的免抵税额分别进行不同征收品目的申报。

概述09：出口货物报关程序

货物进出境一般会经过审单、查验、征税、放行四个海关作业环节。进出口货物的收发货人或其代理人应当按程序办理相对应的进出口申报、配合查验、缴纳税费、提取或装运货物等手续，这样货物才能进出境。对于加工贸易进口原材料的，海关要求事先备案，即必须有一个前期办理手续的阶段；对于进口原材料加工成成品出口的，在放行和装运货物离境的环节还不能完成所有的海关手续，必须有一个后期办理核销结案的阶段。

因此，从海关对进出境货物进行监管的全过程来看，报关程序按时间先后可以分为三个阶段：前期阶段、进出口阶段、后续阶段。

（一）前期阶段

前期阶段是指进出口货物收发货人或其代理人根据海关对进出境货物的监管要求，在货物进出口之前，向海关办理备案手续的过程，主要包括：

（1）保税加工货物进口之前，进口货物收货人或其代理人办理加工贸易备案手续，申请建立加工贸易电子化手册或电子账册；

（2）特定减免税货物进口之前，进口货物收货人或其代理人办理货物的减免税备案和审批手续，申领减免税证明；

（3）暂准进出境货物进出口之前，进出口货物收发货人或其代理人办理货物暂准进出境备案申请手续；

（4）其他进出境货物中的加工贸易不作价设备进口之前，进口货物收货人或其代理人办理加工贸易不作价设备的备案手续；出料加工货物出口之前，出口货物发货人或其代理人办理出料加工的备案手续。

（二）进出口阶段

进出口阶段是指进出口货物收发货人或其代理人根据海关对进出境货物的监管要求，在货物进出境时，向海关办理进出口申报、配合查验、缴纳税费、提取或装运货物手续的过程。在进出口阶段中，进出口货物收发货人或其代理人需要完成以下四个环节的工作。

1. 进出口申报

进出口申报是指进出口货物的收发货人或其代理人在海关规定的期限内，按照海关规定的形式，向海关报告进出口货物的情况，提请海关按其申报的内容放行进出口货物的工作环节。

2. 配合查验

配合查验是指申报进出口的货物经海关决定查验时，进出口货物的收发货人或其代理人到达查验现场，配合海关查验货物，按照海关要求搬移货物，开拆包装，以及重新封装货物的工作环节。

3. 缴纳税费

缴纳税费是指进出口货物的收发货人或其代理人接到海关发出的税费缴纳通知书后，向海关指定的银行办理税费款项的缴纳手续，通过银行将有关税费款项缴入海关专门账户的工作环节。

4. 提取或装运货物

提取货物即提取进口货物，是指进口货物的收货人或其代理人，在办理了进口申报、配合查验、缴纳税费等手续，海关决定放行后，凭海关加盖放行章的进口提货凭证或海关通过计算机发送的放行通知书，提取进口货物的工作环节。

装运货物即装运出口货物，是指出口货物的发货人或其代理人，在办理了出口申报、配合查验、缴纳税费等手续，海关决定放行后，凭海关加盖放行章的出口装货凭证或凭海关通过计算机发送的放行通知书，通知港区、机场、车站及其他有关单位装运出口货物的工作环节。

（三）后续阶段

后续阶段是指进出口货物收发货人或其代理人根据海关对进出境货物的监管要求，在货物进出境储存、加工、装配、使用、维修后，在规定的期限内，按照规定的要求，向海关办理上述进出口货物核销、销案、申请解除监管等手续的过程。具体如下。

（1）保税加工货物，由进口货物收货人或其代理人在规定期限内办理申请核销的手续。

（2）特定减免税货物，由进口货物收货人或其代理人在海关监管期满，或者在海关监管期内经海关批准出售、转让、退运、放弃并办妥有关手续后，向海关申请办理解除海关监管的手续。

（3）暂准进境货物，由收货人或其代理人在暂准进境规定期限内，或者在经海关批准延长暂准进境期限到期前，办理复运出境手续或正式进口手续，然后申请办理销案手续；暂准出境货物，由发货人或其代理人在暂准出境规定期限内，或者在经海关批准延长暂准出境期限到期前，办理复运进境手续或正式出口手续，然后申请办理销案手续。

（4）其他进出境货物中的加工贸易不作价设备、出料加工货物、修理货物、部分租赁货物等，由进出口货物收发货人或其代理人在规定的期限内办理销案手续。

报关基本程序如表3-1所示。

表3-1　报关基本程序

报关程序 / 货物类别	前期阶段（货物在进出境前办理）	进出口阶段（货物在进出境时办理）	后续阶段（进出境后需要办理才能结关）
一般进出口货物	不需要办理	申报（海关审单）↓ 配合查验（查验）↓ 缴纳税费（征税）↓ 提取、装运货物（放行）	不需要办理
保税进出口货物	备案、申请建立加工贸易电子化手册或电子账册		办理申请核销手续
特定减免税货物	货物的减免税备案和审批；申请减免税证明		办理解除海关监管手续
暂准进出境货物	备案申请		办理销案手续
其他进出境货物	出料加工货物的备案 加工贸易不作价设备备案		办理销案手续

备注：

（1）电子化手册。企业签多少加工贸易合同就需要建立多少个手册，合同执行完毕后对应的手册会被撤销；

（2）电子账册。一个企业不管签多少合同只建立一个账册，所有进出口核销全部是在这个账册里体现，账册只有企业不再做加工贸易了才会被撤销。

概述10：电子报关及电子通关系统

电子报关是指进出口货物收发货人或其代理人通过计算机系统，按照《中华人民共和国海关进出口货物报关单填制规范》（以下简称《报关单填制规范》）的有关要求，向海关传送报关单电子数据，并备齐随附单证的申报方式。

第二节　生产企业出口货物免抵退税申报的期限

要点01：单证齐全的申报期限

根据《国家税务总局关于出口货物退（免）税管理有关问题的通知》（国税发[2004]64号）的规定，出口企业应在货物出口之日（以出口货物报关单＜出口退税专用＞上注明的出口日期为准）起90日内，向税务机关申报出口货物退（免）税手续。对生产型出口企业来说，也就是在货物出口之日起90日内向税务机关申报单证齐全。

又根据《国家税务总局关于出口货物退（免）税有关问题的补充通知》（国税发[2004]113号）第二条的规定，生产企业出口货物未按国税发[2004]64号文件第三条规定，在报关出口90日内申报办理退（免）税手续的，如果其到期之日超过了当月的免抵退税申报期，税务机关可暂不按国税发[2004]64号文件第七条规定视同内销货物予以征税。但生产企业应当在次月免抵退税申报期内申报免抵退税，如仍未申报，税务机关应当视同内销货物予以征税。

○ **相关链接** ○

九类企业的政策规定

国家税务总局公告2013年第30号关于九类企业的政策规定：有下列情形之一的出口企业，在申报退（免）税时，对已收汇的出口货物，应填报"出口货物收汇申报表"，并提供该货物银行结汇水单等出口收汇凭证（跨境贸易以人民币结算的为收取人民币的收款凭证原件和盖有企业公章的复印件）；对不能收汇或不能在出口货物退（免）税申报期的截止之日内收汇的属于30号公告第五条所列的出口货物，按30号公告的规定办理。

（1）被外汇管理部门列为B、C类企业的。

（2）被外汇管理部门列为重点监测企业的。

（3）被人民银行列为跨境贸易人民币重点监管企业的。

（4）被海关列为C、D类企业的。

（5）被税务机关评定为D级纳税信用等级的。

（6）因虚开增值税专用发票或其他增值税扣税凭证、增值税偷税、骗取国家出口退税款等原因，被税务机关给予行政处罚的。

（7）因违反进、出口管理，收、付汇管理等方面的规定，被海关、外汇管理、人民银行、商务等部门给予行政处罚的。

（8）向主管税务机关申报的不能收汇的原因为虚假的。

（9）向主管税务机关提供的出口货物收汇凭证是冒用的。

以上第（1）至第（5）项情形的执行时间［以申报退（免）税时间为准］为主管税务机关通知之日起至情形存续期结束；以上第（6）至第（9）项情形的执行时间为主管税务机关通知之日起24个月内；出口企业并存上述若干情形的，执行的截止时间为情形中的最晚截止时间。

要点02：每月免抵退税的申报期限

根据《出口货物劳务增值税和消费税管理办法》（国家税务总局公告2012年第24号）第四条的规定，生产企业当月出口货物，不管出口单证是否齐全，必须在次月的增值税纳税申报期内，向主管税务机关办理增值税纳税申报、免抵退税相关申报及消费税免税申报。

另我，企业应在货物报关出口之日次月起至次年4月30日前的各增值税纳税申报期内收齐有关凭证，向主管国税机关申报办理出口货物增值税免抵退税及消费税退税。

要点03：进料加工相关业务的申报期限

《国家税务总局关于出口货物退（免）税若干问题的通知》（国税发[2006]102号）第五条规定："从事进料加工业务的生产企业，应于取得海关核发的《进料加工登记手册》后的下一个增值税纳税申报期限内向主管税务机关办理"生产企业进料加工登记申报表"，于发生进口料件的当月向主管税务机关申报办理"生产企业进料加工进口料件申报明细表"，并于取得主管海关核销证明后的下一个增值税纳税申报期内向主管税务机关申报办理核销手续。逾期未申报办理的，税务机关在比照《中华人民共和国税收征收管理法》第六十二条有关规定进行处罚后再办理相关手续。一般来说，进料加工相关业务的申报期限如表3-2所示。

表3-2　进料加工相关业务的申报期限

序号	类别	具体说明
1	手册登记申报	从事进料加工业务的生产企业，应于取得海关核发的《进料加工登记手册》后的次月（税款所属月份）凭《进料加工登记手册》的"合同备案表"进入免抵退税申报系统，录入相关数据并打印"生产企业进料加工登记申报表"向主管税务机关退税部门办理手册登记的申报手续。对使用电子手册的生产企业，应按照《生产企业"电子手册"在免抵退税申报系统的处理办法》进行登记
2	免税进口料件申报	生产企业应于发生免税进口料件的当月凭进口报关单进入免抵退税申报系统，录入相关数据并打印"生产企业进料加工登记申报表"向主管税务机关退税部门办理进口料件的申报手续
3	手册核销申报	生产企业应在《进料加工登记手册》核销结案（取得"核销申请表"和《结案通知书》）后的次月（税款所属月份）凭手册核销需要报送的相关资料，在免抵退税申报系统生成手册核销记录，打印"生产企业进料加工登记手册核销申请表"向主管税务机关办理手册核销申报手续

第三节　生产企业出口货物视同内销征税的有关规定

要点01：出口企业哪些出口货物视同内销货物计提销项税或征收增值税

根据《国家税务总局关于出口货物退（免）税若干问题的通知》（国税发[2006]102号）第一条的规定，从2006年7月1日起（执行日期以出口报关单〈出口退税专用〉的出口日期为准），出口企业出口下列货物，除另有规定外，视同内销货物计提销项税额或征收增值税。

（1）国家明确规定不予退（免）增值税的货物。

（2）出口企业未在规定期限申报退（免）税的货物。

（3）出口企业虽已申报退（免）税，但未在规定期限内向税务机关补齐有关凭证的货物。

（4）生产企业出口的除四类视同自产产品以外的其他外购货物。

（5）出口企业未在规定期限内申报开具《代理出口货物证明》的货物。

出口企业出口上述货物若为应税消费品的，除另有规定外，出口企业为生产企业的，须按现行有关税收政策规定计算缴纳消费税；出口企业为外贸企业的，不退还消费税。

要点02：视同内销货物销项税额和应纳税额的计算方法

一般纳税人以一般贸易方式出口上述货物计算销项税额的公式：

销项税额＝出口货物离岸价×外汇人民币牌价÷（1＋法定增值税税率）×法定增值税税率

一般纳税人以进料加工复出口贸易方式出口上述货物以及小规模纳税人出口上述货物计算应纳税额公式：

应纳税额＝出口货物离岸价×外汇人民币牌价÷（1＋征收率）×征收率

公式中的征收率按小规模纳税人的征收率计算，即外贸企业为4%，生产企业为6%。按简易办法征收的货物，其对应耗用的进项税额应作进项税额转出处理。

第四节　免抵退税会计科目的设置

生产企业免抵退税的会计核算，根据业务流程主要可分为免税出口销售收入的核算、不予抵扣税额的核算、应交税费的核算、进料加工不予抵扣税额抵减额的核算、出口货物免抵税额和退税额的核算，以及免抵退税调整的核算。根据现行会计制度的规定，对出口货物免抵退税的核算，主要涉及"应交税费——应交增值税""其他应收款——出口退税""原材料""主营业务收入"等会计科目。

要点01："应交税费——应交增值税"科目的核算内容

出口企业（仅指增值税一般纳税人，下同）应在"应交税费"科目下设置"应交增值税"明细科目，借方发生额，反映出口企业购进货物或接受应税劳务支付的进项税额和实际支付已缴纳的增值税；贷方发生额，反映出口企业销售货物或提供应税劳务应缴纳的增值税额、出口货物退税、转出已支付或应分担的增值税；期末借方余额反映企业多交或尚未抵扣的增值税，期末贷方余额反映企业尚未缴纳的增值税。出口企业在"应交增值税"明细账中，应设置"进项税额""已交税金""减免税金""出口抵减内销产品应纳税额""销项税额""出口退税""进项税额转出"等科目。

（一）"进项税额"

"进项税额"科目，记录出口企业因购进货物或接受应税劳务而支付的、准予从销项税额中抵扣的增值税额。出口企业购进货物或接受应税劳务支付的进项税额，用蓝字登记；退回所购货物应冲销的进项税额，用红字登记。

（二）"已交税金"

"已交税金"科目，核算出口企业当月上交成本月的增值税额。企业缴纳当期增值税时借记本科目，贷记"银行存款"。

（三）"减免税金"

"减免税金"科目，反映出口企业按规定直接减免的增值税税额。企业按规定直接减免的增值税税额借记本科目，贷记"补贴收入"等科目。

（四）"出口抵减内销产品应纳税额"

"出口抵减内销产品应纳税额"科目，反映出口企业销售出口货物后，向税务机关办理免抵退税申报，按规定计算的应免抵税额，借记本科目，贷记"应交税费——应交增值税（出口退税）"。计算应免抵税额有两种方法。

第一种是在取得国税机关《免抵退税通知书》后进行免抵和退税的会计处理。按《免抵退税通知书》批准的免抵税额借记本科目，贷记"应交税费——应交增值税（出口退税）"。

第二种是出口企业进行退税申报时，根据当期"生产企业出口货物免抵退税汇总申报表"的免抵税额借记本科目，贷记"应交税费——应交增值税（出口退税）"。

（五）"转出未交增值税"

"转出未交增值税"科目，核算出口企业月终转出的应交未交的增值税。月末企业"应交税费——应交增值税"明细账出现贷方余额时，根据余额借记本科目，贷记"应交税费——未交增值税"。

上述五个专栏在"应交增值税"明细账的借方核算。

（六）"销项税额"

"销项税额"科目，记录出口企业销售货物或提供应税劳务收取的增值税额。出口企业销售货物或提供应税劳务应收取的增值税额，用蓝字登记；退回销售货物应冲销的销项税额，用红字登记。现行出口退税政策规定，实行"先征后退"的生产企业，除来料加工复出口货物外，出口货物离岸价视同内销先征税，出口单证收齐后再以离岸价为依据按规定退税率申报退税，在出口销售行为发生后，按规定征税率计算的销项税额贷记本科目，同时按规定退税率计算的出口退税借记"应收补贴款"，按征退税率之差计算的不予退税部分借记"出口产品销售成本"。

实行免抵退税的生产企业，出口货物销售收入不计征销项税额，对经审核确认不予退税的货物应按规定征税率计征销项税额。

（七）"出口退税"

"出口退税"科目，记录出口企业出口货物，实行免抵退税方法的，在向海关办理报关出口手续后，凭出口报关单等有关凭证，向税务机关申报办理出口退税而应收的出口退税款以及应免抵税款。出口货物退回的增值税额，用蓝字登记；出口货物办理退税后发生退货或退关而补交已退的税款，用红字登记。出口企业当期按规定确定应退税额、应免抵税额后，借记"其他应收款——出口退税""应交税费——应交增值税（出口抵减内销产品应纳税额）"，贷记本科目。

（八）"进项税额转出"

"进项税额转出"科目，记录出口企业原材料、在产品、产成品等发生非正常损失，以及《增值税暂行条例》规定的免税货物和出口货物免税等不应从销项税额中抵扣、应按规定转出的进项税额。按税法规定，对出口货物不得免征和不予抵扣税额的部分，应在借记"主营业务成本"的同时，贷记本科目。

要点02："其他应收款——出口退税"科目的核算内容

"其他应收款——出口退税"科目，其借方反映出口企业销售出口货物后，按规定计算出的应退税额，贷方反映收到的退税款。企业必须设置明细账进行明细核算。

要点03：原材料账簿的设置

生产出口企业应根据不同的贸易方式分别设置一般贸易料件明细账、免税料件明细账。

要点04：销售账簿的设置

生产企业应根据不同的贸易方式分别设置一般贸易料件明细账、直接出口销售明细账、转厂销售明细账。内外销售必须分别记账，以便国税机关审核出口退（免）税。

在此，提供一份某企业年底退税计算的范本，供读者参考。

【实战范本】某企业的年底退税计算

某企业的年底退税计算

一、企业基本情况描述

深圳市××实业有限公司是一家有进出口经营权的生产型外商投资企业，纳税人账号4403×××××××××，海关代码为××××××××，组织机构代码是××××××××，退税登记日期是2004.01.06，纳税人类别是一般纳税人，出口退

（续）

税方式是"免抵退"，进料计算方法是实耗法，分类管理代码是B。这家公司业务包括内销、进料加工、转厂深加工（间接出口）。企业销售的货物征税率适用17%，出口退税率适用13%。

二、企业业务情况

深圳市××实业有限公司于2013年11月新增一本进料加工手册，手册号：C×××××××××××。该手册出口金额最大的商品是轨道用LED照明用灯具，商品编码94054090，计划进口总值280 000美元，计划出口总值400 000美元，2013年10月发生了一笔进口业务，免税料件金额为110 000美元，发生了两笔直接出口业务，出口销售额（FOB价）190 000美元（其中有一单90 000美元的报关单退税联未收到），发生了一笔间接出口业务，金额为10 000美元，内销销售收入（不含税价）人民币100 000元，销项税额为人民币17 000元，采购国内料件人民币5 000 000元，进项税额为人民币850 000元。

2013年11月发生了一笔进口业务，免税料件金额为160 000美元，发生了一笔直接出口业务，出口销售额（FOB价）50 000美元，同时收到了10月出口的报关单退税联。发生了一笔间接出口业务，金额150 000美元，内销销售收入（不含税价）人民币6 000 000元，销项税额为人民币1 020 000元，采购国内料件人民币100 000元，进项税额为人民币17 000元。另外，本月企业办理了进料加工手册的核销，该手册边角余料为500美元，折人民币3 050.00元。该手册核销时，海关已代征废料增值税人民币518.50元。10月、11月所有美元汇率为6.1。

1. 2013年10月免抵退税的计算

（1）计算期末留抵税额

由于使用了免税购进料件，所以首先要计算免抵退税不得免征和抵扣税额抵减额、免抵退税不得免征和抵扣税额、转厂销售不得抵扣税额。

①计划分配率＝计划进口总值÷计划出口总值＝280 000÷400 000＝70%

②免抵退税不得免征和抵扣税额抵减额＝单证齐全出口货物离岸价×外汇人民币牌价×计划分配率×（出口货物征税率—出口货物退税率）＝100 000×6.1×70%×（17%—13%）＝17 080（元）

③免抵退税不得免征和抵扣税额＝单证齐全出口货物离岸价×外汇人民币牌

（续）

价×（出口货物征税率—出口货物退税率）—免抵退税不得免征和抵扣税额抵减额 ＝100 000×6.1×（17%—13%）—17 080＝7 320（元）

④转厂销售不得抵扣税额＝转厂销售额÷全部销售金额（内销、转厂出口、直接出口）×（全部进项税额—海关代征增值税）＝（100 000＋10 000×6.1＋190 000×6.1）×850 000＝39 280.30（元）

根据上述①～④，合并计算。

免抵退税不得免征和抵扣税额＝单证齐全当期出口货物离岸价×外汇人民币牌价×（1—计划分配率）×（出口货物征税率—出口货物退税率）＝100 000×6.1×（1—70%）×（17%—13%）＝7 320（元）

⑤当期应纳税额＝当期内销货物的销项税额—（当期全部进项税额—当期进项税额转出＋上期留抵税额—上期免抵退货物应退税额）＝17 000—（850 000—39 280—7 320＋0—0）＝—786 399.70（元）

当"当期应纳税额"小于0时，当期应纳税额为0。其绝对值为"期末留抵税额"，所以，当期期末留抵税额＝—（—786.399.70）＝786 399.70（元）

（2）免抵退税额计算

①免抵退税额抵减额＝单证齐全出口货物离岸价×外汇人民币牌价×计划分配率×出口货物退税率＝100 000×6.1×70%×13%＝55 510（元）

②免抵退税额＝单证齐全出口货物离岸价×外汇人民币牌价×出口货物退税率—免抵退税额抵减额＝100 000×6.1×13%—55 510＝23 790（元）

将上述①、②合并。

免抵退税额＝当期出口货物离岸价×外汇人民币牌价×（1—计划分配率）×出口货物退税率＝100 000×6.1×（1—70%）×13%＝23 790（元）

（注：因10月有一笔报关单本月未收齐，因此未收齐单证部分不能参与免抵退税的计算，待下月收齐时参与计算。）

（3）计算应退税额、免抵税额

当期期末留抵税额与当期免抵退税额相比较，取小值，哪个小就为当期应退税额。

当期期末留抵税额786 399.70元大于免抵退税额23 790元。

所以，当期应退税额＝23 790（元）

（续）

当期免抵退税额＝当期免抵退税额－当期应退税额＝23 790－23 790＝0

当期会计处理如下。

① 根据一般贸易料件采购的原材料做会计分录：

借：原材料——一般贸易料件   5 000 000

     应交税费——应交增值税（进项税额）   850 00

     贷：应付账款——××公司   5 850 000

② 根据免税料件采购的原材料做会计分录：

借：原材料——免税料件（110 000×6.1）   671 000

     贷：应付账款——××公司（110 000×6.1）   671 000

③ 根据实现的出口销售收入做会计分录：

借：应收账款——××公司（190 000×6.1）   1 159 000

     贷：主营业务收入——直接出口（190 000×6.1） 1 159 000

④ 根据实现的间接出口收入做会计分录：

借：应收账款——××公司（10 000×6.1）   61 000

     贷：主营业务收入——间接出口（10 000×6.1）   61 000

⑤ 根据实现的内销销售收入做会计分录：

借：应收账款——××公司   117 000

     贷：主营业务收入——内销   100 000

         应交税费——应交增值税（销项税额）   17 000

⑥ 根据以上计算出的"转厂转出税额"和"免抵退税不予免征和抵扣税额"做会计分录：

借：主营业务成本（39 280.30＋7 320）   46 600.30

     贷：应交税费——应交增值税（进项税额转出） 46 600.30

⑦ 下月根据主管退税机关已审核签章的"出口货物免抵退税申报汇总表"上的当期免抵额和当期应退税额做以下处理：

借：其他应收款——出口退税   23 790

     应交税费——应交增值税（出口抵减内销产品应纳税额） 0

     贷：应交税费——应交增值税（出口退税）   23 790

（续）

⑧收到出口退税款时，做以下会计处理：

借：银行存款　　　　　　　　　　　　　　　　　23 790

　　贷：其他应收款——出口退税　　　　　　　　　　23 790

⑨收到客户货款，根据出口收汇联网核查办法，须先进入待核查账户：

借：银行存款——待核查账户（190 000×6.1）　　　1 159 000

　　贷：应收账款——××公司（190 000×6.1）　　　1 159 000

⑩向银行填写国际收支申报，并申请结汇，银行买入价为1∶6.0

借：银行存款——结算账户（190 000×6.0）　　　　1 140 000

　　财务费用——汇总损益　　　　　　　　　　　　19 000

　　贷：银行存款——待核查账户（190 000×6.1）　　1 159 000

2. 2013年11月免抵退税的相关计算

（1）计算期末留抵税额

①计划分配率＝计划进口总值÷计划出口总值＝280 000÷400 000＝70%

②免抵退税不得免征和抵扣税额抵减额＝（50 000＋90 000）×6.1×70%×（17%－13%）＝23 912（元）

③免抵退税不得免征和抵扣税额＝（50 000＋90 000）×6.1×（17%－13%）－23 912＝10 248（元）

④转厂销售不得抵扣税额＝150 000×6.1÷（6 000 000＋150 000×6.1＋50 000×6.1）×（17 518.50－518.50）＝2 154.43（元）

根据上述①～④，合并计算：

免抵退税不得免征和抵扣税额＝单证齐全当期出口货物离岸价×外汇人民币牌价×（1－计划分配率）×（出口货物征税率－出口货物退税率）＝140 000×6.1×（1－70%）×（17%－13%）＝10 248（元）

⑤当期应纳税额＝1 020 000－（17 518.50－2 154.43－10 248＋786 399.70－23 790）＝252 274.23（元）

（2）免抵退税额计算

①免抵退税额抵减额＝（50 000＋90 000）×6.1×70%×13%＝77 714（元）

②免抵退税额＝（50 000＋90 000）×6.1×13%－77 714＝33 306（元）

（续）

将上述①、②合并：

免抵退税额＝当期出口货物离岸价×外汇人民币牌价×（1—计划分配率）×出口货物退税率＝140 000×6.1×（1—70%）×13%＝33 306（元）

（注：因10月有一笔报关单在本月收齐，因此参与免抵退税额的计算金额为本月单证收齐金额加上本月收齐上月单证金额。）

（3）计算应退税额、免抵税额

因本期应纳税额大于0，当期应退税额为0（元）。

当期期末留抵税额0≤当期免抵退税额33 306（元）

当期免抵税额＝当期免抵退税额—当期应退税额＝33 306—0＝33 306（元）

第四章　生产企业免抵退税申报业务

免抵退税的申报不是一件简单的事，可以说比较繁琐，但是只要熟练掌握操作流程及其注意事项也就不难了。本章除了介绍操作流程之外，还详细地介绍了零申报、补税申报、电子信息查询及备案申报等业务的操作方法。

第一节　免抵退税申报的操作流程

生产企业在出口之前需要进行出口退（免）税资格的认定，然后按月进行免抵退税申报。申报的基本流程为免抵退税预审核、增值税纳税申报、免抵退税汇总申报，具体如图4-1所示。

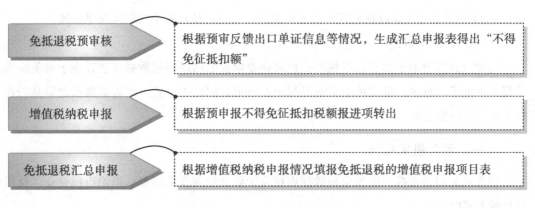

图4-1　免抵退税申报的基本流程

流程01：免抵退税预审核

（一）企业申报

企业在货物出口并按会计制度的规定在财务上做销售处理后，须将这部分出口数据录入出口退税申报系统，有进料加工贸易的企业还应将进料加工相关原始单据（如手册登记、手册核销、进口料件的进口报关单等）数据一并录入出口退税申报系统中，有国际运输及向境外单位提供研发服务、设计服务的企业也应将相关原始单据录入出口退税申报系统中。以上申报数据称为免抵退明细申报数据。

将当期全部信息录入申报系统之后，首先进行数据一致性检查，检查无误后通过申报系统生成明细电子申报数据。

为确保申报数据的准确性，在进行免抵退正式申报之前，企业须把明细申报数据发送给主管退税机关进行预审核。

（二）税务机关审核

税务机关将企业报送的免抵退预审核数据读入出口退税审核系统中后，进行预审核。预审的主要内容如下。

1. 自身审核

（1）审核数据：指数据的唯一性、有效性、一致性审核。

（2）审核商品：该商品代码是否存在、是否为基本商品、计量单位是否一致、是否为禁止出口商品或不退税商品。

（3）审核税率：审核征税税率和退税税率是否与商品码库中的相应税率一致。

2. 与外部数据审核

与出口报关单电子信息进行核对。核对企业申报的出口明细数据是否存在于海关提供的报关单电子信息中；报关单电子数据与企业申报数据是否一致，两者离岸价之差是否在规定的误差范围之内。

（三）税务机关反馈

税务机关对企业报关的预审核数据审核完毕后，生成反馈信息，返给申报企业。反馈信息的主要内容如下。

（1）审核疑点明细。

（2）出口货物信息不齐明细。

企业将上述两个文件以Excel方式打开，根据相应的疑点信息调整原申报数据。

流程02：增值税纳税申报

企业按规定在"网上电子报税"系统中进行日常增值税纳税申报。

流程03：免抵退税汇总申报

企业在生产企业出口退税操作系统上进行数据的录入、审核、打印后，必须在税务局规定的期限内持正式明细申报数据及汇总申报数据U盘，连同整套打印报表、原始凭证、相应报表封面，向主管国税分局办理免抵退税正式申报工作。

（一）申报的基本资料

生产企业办理免抵退税正式申报时，应提供下列凭证资料。

（1）"免抵退税申报汇总表"及其附表，从"生产企业出口退税操作系统"打印。

（2）"免抵退税申报资料情况表"，从"生产企业出口退税操作系统"打印。

（3）"生产企业出口货物免抵退税申报明细表"，从"生产企业出口退税操作系统"打印。

（4）出口货物退（免）税正式申报电子数据。

（5）原始凭证。

①出口货物报关单（出口退税专用）。

②出口发票。

③委托出口的货物，还应提供受托方主管税务机关签发的代理出口货物证明，以及代理出口协议复印件。

④主管税务机关要求的其他资料。

（二）进料加工业务企业的特殊规定

从事进料加工业务的企业，还须按下列规定办理手册登记、进口料件申报和手册核销。

企业在办理进料加工贸易手（账）册后，应于料件实际进口之日起至次月（按实耗法扣除的，在料件实际耗用之日起至次月）的增值税纳税申报期内，填报"生产进料加工登记申报表"，提供正式申报的电子数据及下列资料，向主管税务机关申请进料加工登记手续。

（1）采用纸质手册的企业应提供进料加工手册原件及复印件；采用电子化手册的企业应提供海关签章的加工贸易电子化纸质单证；采用电子账册的企业应提供海关核发的《加工贸易联网监管企业电子账册备案证明》。

（2）主管税务机关要求提供的其他资料。

第二节　生产企业免抵退零申报的操作

要点01：什么是免抵退零申报

免抵退零申报是指生产企业出口后又做了若干期免抵退申报之后，当月无"免抵退"税出口销售的，必须向税务机关进行免抵退零申报。

要点02：免抵退零申报的步骤

企业直接从退税申报"向导"的第七步开始，生成明细申报数据及下面的步骤直到生成汇总表数据，录入的方法与正常销售出口一样。

要点03：纸质装订资料的要求

由于企业是实行免抵退零申报，免抵退汇总表可以只提供一式两份，其余资料要根据各地国税局的要求准备。

第三节　生产企业免抵退补税申报的操作

要点01：什么情形下要补税

当生产企业录入免抵退税"增值税纳税申报表"时，如果"应纳税额"不为0，在免抵退申报完成时须补税。

要点02：免抵退补税的流程

免抵退审核完成后，企业要登录增值税网上电子报税系统的"免抵退税通知书"页面查看审批结果，如果看到的信息是要求补税，则要去补税。

（1）企业可以前往税务局找专管员开具《免抵退税补税通知单》，企业凭加盖税务局公章的《免抵退税补税通知单》到各区、分局（基层分局）办税服务厅申报窗口补税。

（2）企业也可以直接进入国税网，在网上完成扣税申报。

第四节　生产企业免抵退税电子信息查询及备案申报

要点01：出口信息查询申请录入

企业可按照国家税务总局2013年第61号公告的相关规定，将缺失对应凭证管理部门电子信息或凭证的内容、电子信息不符的数据、原始凭证报送至主管税务机关，由主管税务机关协助查找相关信息。

进入"生产企业出口退税申报系统12.0"，点击"基础数据采集→出口信息情况申报录入→出口信息查询申报录入"，录入"出口企业信息查询申请表"数据（如图4-2所示）。

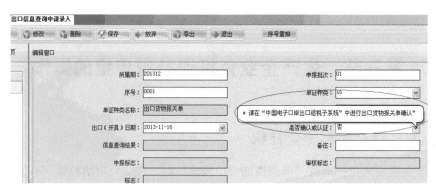

图4-2　生产企业出口退税申报系统12.0页面

要点02：出口无电子信息申报录入

根据国家税务总局公告2013年第61号的规定，在退（免）税申报期截止之日前，如果企业出口的货物劳务及服务申报退（免）税的凭证仍没有对应管理部门电子信息或凭证的内容与电子信息比对不符，无法完成预申报的，企业应在退（免）税申报期截止之日前，向主管税务机关报送资料及电子数据进行备案申报。税务机关审核通过的备案申报单证，其退（免）税正式申报时间不受退（免）税申报期截止之日的限制。

进入"生产企业出口退税申报系统12.0"，点击"基础数据采集→出口信息情况申报录入→出口无电子信息申报录入"，进入如图4-3所示界面，录入备案申报数据。出口退税申报、审核系统设置备案申报的时间为每年3月15日至4月的增值税纳税申报期内（如图4-4所示）。

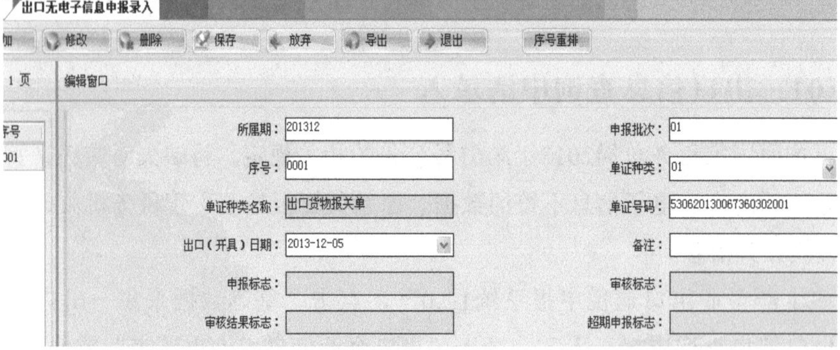

图4-3　生产企业出口退税申报系统12.0页面

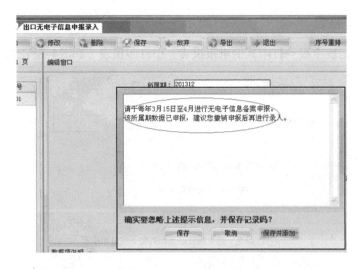

图4-4 生产企业出口退税申报系统12.0页面

要点03：生成信息申报数据及打印报表

（一）生成信息申报数据

进入"免抵退税申报→生成信息申报数据"中生成申报数据（如图4-5所示）。

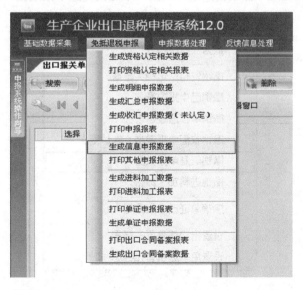

图4-5 生产企业出口退税申报系统12.0页面

（二）打印报表

进入"免抵退税申报→打印其他申报报表"中打印报表（如图4-6所示）。

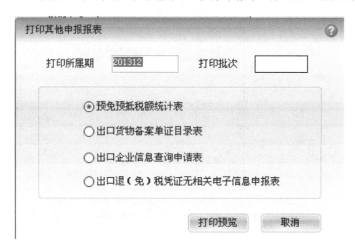

图4-6　生产企业出口退税申报系统12.0页面

要点04：撤销信息申报数据

进入"申报数据处理→撤销信息申报数据"中撤销信息申报数据（如图4-7所示）。

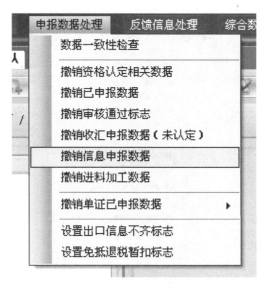

图4-7　生产企业出口退税申报系统12.0页面

第五章　生产企业出口退税申报系统操作

生产企业出口退税申报系统适用于生产企业免抵退税申报。企业通过出口退税申报系统对退税进货凭证、退税申报明细及各种单证等基本数据进行录入，生成退税申报数据并向退税机关进行出口退税申报。

第一节　退税申报系统的安装和初始化

要点01：申报系统的首次安装

生产企业出口退税申报系统12.0是由国家税务总局组织设计开发，供出口企业及税务机关免费使用，不需要任何费用的系统。企业可以登录中国出口退税咨询网（http://www.taxrefund.com.cn）或当地税务局的网站，下载最新版出口退税申报系统，解压缩软件安装包后，双击"Setup.exe"文件，然后按照系统指引完成系统安装。

要点02：系统的升级

（一）数据备份

进入系统，在菜单中选择"系统维护"→"系统参数设置与修改"→"记住系统备份路径"→"返回系统维护菜单"→"系统数据备份"。

（二）卸载旧系统

在Windows控制面板中卸载（删除）"生产企业出口退税申报系统××版"。

（三）安装新系统

同首次安装方法。

（四）新系统配置

进入系统→系统维护→系统初始化→系统配置设置与修改→设置本企业信息→回到系统维护菜单。

（五）系统数据导入

进入"系统维护"菜单，点击"系统每份数据导入"→选择旧系统路径→导入→完成升级（如图5-1所示）。

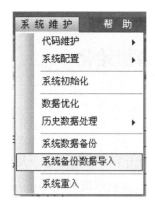

图5-1　生产企业出口退税申报系统12.0页面

确定旧路径的规则：

方法1：直接选备份路径即可；

方法2：首先要明确系统备份路径的产生规则，系统在数据备份时自动按备份当时的时间（20140114_1337，表明此备份是2014年1月14日13时37分制作的备份），在系统备份路径下生成当次备份路径，在选择旧系统路径时应选择最后一次备份的路径。

要点03：退税申报系统的进入

生产企业出口退税申报系统安装好后，将自动在桌面上创建一个快捷图标（如图5-2所示）。

图5-2　快捷图标

双击该图标，出现如图5-3所示界面。如果是初次使用，在出现的界面中"用户名"栏录入"sa"，密码为空。以后使用时，录入指定的用户名和密码进入即可。

图5-3　系统登录界面

点击"确认"按钮，即可进入如图5-4所示界面，在"当前所属期"中输入日期，点击"确认"按钮即可进入退税操作系统。

图5-4 输入日期

进入系统后的主要界面如图5-5所示。

图5-5 系统主要界面

要点04：出口退税申报系统的基本配置

（一）系统初始化

第一次使用系统之前，要先进行"系统初始化"。

在系统主界面选择"系统维护"→"系统初始化"，在图5-6所示界面上录入"YES"，点击"确定"按钮即可完成系统初始化操作，并重新进入系统。

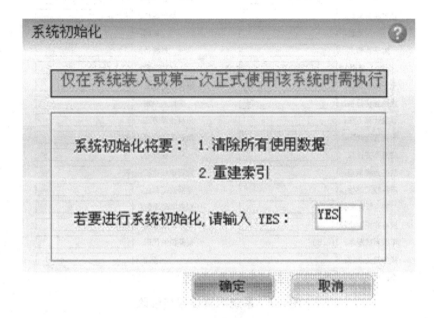

图5-6 完成系统初始化

　　"初始化"将清空数据库（代码库和系统配置库除外）中所有的申报数据，该步骤只在第一次使用时操作，平时应谨慎使用。

（二）系统配置设置与修改

　　使用退税系统之前，首先要进行系统配置。进入系统菜单的"系统维护→系统配置→系统配置设置与修改"，点击系统工具栏中的"修改"按钮，系统会显示如图5-7所示界面。

企业代码：	2012888888	纳税人识别号：	201288888888888
技术监督局码：		用户名称：	生产企业
地址：		邮编：	
财务负责人：		办税员：	
电话：		传真：	
电子邮件地址：		退税登记证号：	
退税登记日期：		纳税人类别：	1
计税计算方法：	1	进料计算方法：	1
分类管理代码：	C	单证不齐计算：	0
信息不齐计算：	0	放弃免税标志：	否
放弃免税期至：		是否申报收汇：	否
申报收汇起始：		申报收汇截止：	
放弃零税率：	否	放弃零税率起：	
放弃零税率止：		申报系统版本：	12.00
审核系统版本：	12.00	税务机关代码：	
税务机关名称：		备注：	
商品代码版本：	CMCODE2013_20130201A		

图5-7　系统配置设置与修改

其中信息的填写要求如表5-1所示。

表5-1　初始信息的填写要求

序号	栏目	填写要求
1	企业代码	根据海关签发的《进出口货物收发货人注册登记证明书》上的编号，录入企业的海关企业代码（10位数）。如果企业海关代码发生变更，请及时与进出口税收管理科联系，做好相应的变更手续。另外，由于营改增企业可能是非出口企业，无须具备进出口经营权，无须向海关申报报关出口，因此没有海关"对外贸易经营者备案登记表"或《中华人民共和国外商投资企业批准证书》等资料，也没有海关签发的海关代码。但出口退税审核系统是以海关代码为条件进行操作的，因此，无海关代码的零税率应税服务提供者须虚拟代码进行免抵退申报、审核。无海关代码的零税率应税服务提供者的海关代码（10位）虚拟规则为：按首位"9"加上技术监督局码的后9位数字的编码规则录入

（续表）

序号	栏目	填写要求
2	纳税人识别号	根据国税局签发的《税务登记证》的编号录入企业的纳税人识别号（15位数）
3	技术监督局码	为《企业组织机构代码证》号
4	用户名称	根据企业《税务登记证》上的"企业名称"录入。如果企业全称超过15个中文时，企业只须录入企业名称中前15位
5	地址	根据企业详细厂址填写
6	邮编、财务负责人、办税员、电话、传真和电子邮箱地址	根据企业真实情况填写
7	退税登记证号	空
8	退税登记日期	《出口企业退免税认定通知书》上的生效日期
9	纳税人类别	系统默认1，一般纳税人
10	计税计算方法	所有企业该栏录入"1"即可
11	进料计算方法	系统默认1，实耗法
12	分类管理代码	可选项有A、B、C、D，企业的分类管理代码由税务机关确定
13	单证不齐计算	1. 参与计算　0. 不参与计算
14	信息不齐计算	1. 参与计算　0. 不参与计算
15	放弃免税标志	系统默认F，未放弃免税权
16	税务机关代码	指主管退税税务机关代码

当读入审核反馈信息数据后，如果是九类企业，则"是否收汇申报"由"F"变为"T"，同时更新"收汇日期起始"和"收汇日期截止"的时间；如果非九类企业，则这三个字段值不变。

系统根据"放弃零税率"标志，以及"放弃零税率起""放弃零税率止"日期值，判断企业是否放弃零税率申报业务。

企业按税务登记情况如实填写相应信息，确认无误后点击"保存"按钮；如要放弃修改，点击"放弃"按钮。修改完成后，点击"退出"按钮，系统要求重新进入，点击"是"按钮，重新进入系统。

特别提示

一定要重新进入系统，否则修改信息将不会生效。另外，在设置信息时，有几点须特别注意，不能选错；否则，将会影响企业的申报结果。

（1）计税计算方法：有免抵退税业务及免税、免退税业务发生的，选"1"即"免抵退"；仅有免税业务发生的，选"3"即"免税"。

（2）进料计算方法：选"1"，即"实耗法"。（系统提供了两个选项。1：实耗法；2：购进法。）

（3）分类管理代码：选"B"。

（三）退税系统参数设置与修改

在系统主界面选择"系统维护→系统配置→系统参数设置与修改"（如图5-8所示）。

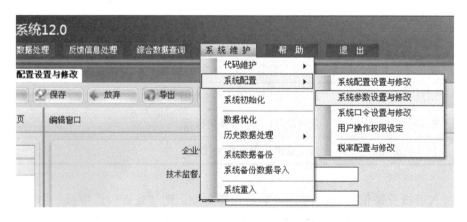

图5-8　系统参数设置与修改

进入"系统参数设置与修改"界面，系统设置了五个选项卡（如图5-9所示）。

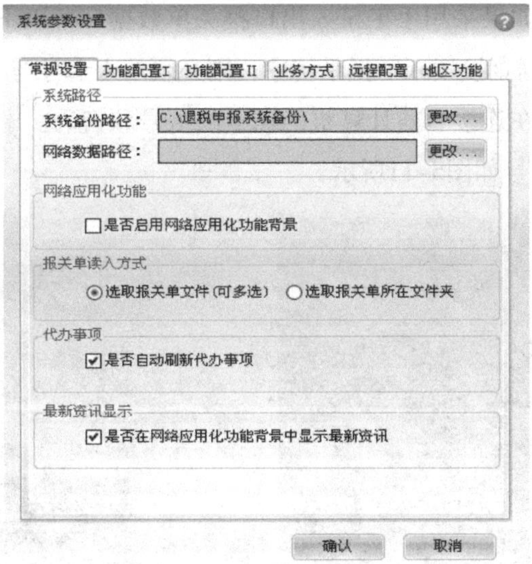

图5-9　选项卡

1. 常规设置

系统备份路径：指系统备份数据时默认的存放路径。对系统默认路径（C：\退税申报系统备份\），用户要根据实际情况进行更改，但在更改路径前，必须先建立备份文件夹，然后点击"更改"按钮，选择新建立的文件夹即可。

（1）功能配置Ⅰ

点击进入"功能配置Ⅰ"界面（如图5-10所示）。

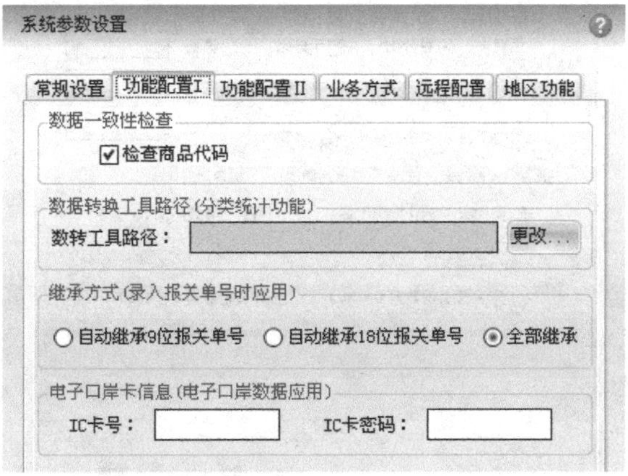

图5-10　"功能配置Ⅰ"界面

电子口岸卡信息：如果采用手工录入出口报关单数据，可以不录入电子口岸信息；如果企业选择将报关单数据直接读入申报系统中，则必须录入卡号与密码。

直接填写或修改正在连接当前计算机的IC卡的卡号和密码。卡号一般为13位数字，密码为8位数字或字母。卡号如图5-11所示。

图5-11　IC卡的卡号

（2）功能配置Ⅱ

该配置选项一般为默认选择，不需要更改（如图5-12所示）。

图5-12　"功能配置Ⅱ"界面

2．业务方式

点击进入"业务方式"界面（如图5-13所示）。

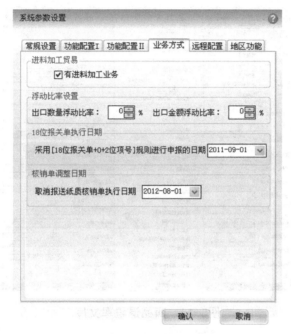

图5-13　"业务方式"界面

（1）有进料加工业务。企业有海关手册进出口业务，选择"有进料加工业务"；企业是一般贸易出口，则不选择"有进料加工业务"。

（2）18位报关单执行日期。在执行日期后的，按照"18位报关单号+0+项号"进行填写。在确认数据时，系统将根据企业配置的执行日期，自动处理报关单号为21位。

3．远程配置和地区功能

此部分无须进行设置。

（四）代码维护——退税率文库更新

国家税务总局根据宏观经济调控的需要，会不定期调整出口产品的退税率。出口企业应当随时关注有关退税率调整的政策，并按照主管退税部门的要求升级到最新商品退税率文库。

（1）到国税局网站"涉税软件下载"页面下载最新海关商品码升级文件。

（2）"系统维护"→"代码维护"→"一键升级商品码"（如图5-14所示）。

（3）选择下载的退税率库文件，点击"确定"按钮，接下来按提示操作。

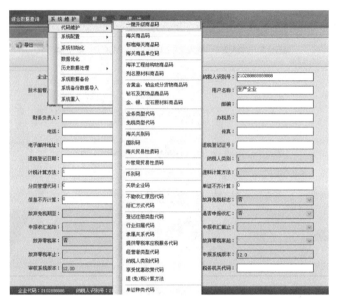

图5-14　商品退税率文库

（五）系统口令设置与修改

选择主菜单下"系统维护→系统配置→系统口令设置与修改"可以增加新的操作人和修改、删除原操作人及口令（如图5-15所示）。

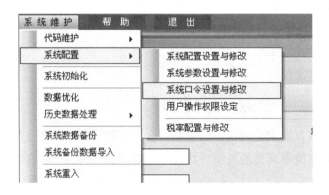

图5-15　系统口令设置与修改

系统默认三个单词，分别是sa、user、manager，其中sa是系统管理员，可以对系统任何地方进行删除和修改；user是一般操作人，负责数据录入；manager是业务主管，对录入员录入的数据进行复核。企业在第一次进入系统时，以sa进入，因为只有sa才能进行系统的初始设置。企业以sa登录后，可以将其他企业删除，但不能删除自己；亦可以添加新企业及修改口令（如图5-16所示）。

图5-16　系统默认企业

（六）特殊代码维护

根据《财政部国家税务总局关于出口货物劳务增值税和消费税政策的通知》（财税[2012]39号）、《出口货物劳务增值税和消费税管理办法》（国家税务总局公告2012年第24号）的规定，在主菜单"系统维护→代码维护"下，增加了"海洋工程结构物商品码，列名原材料商品码，含黄金、铂金成分货物，钻石及饰品范围，金银宝石原材料商品码，业务类型代码，免税类型代码"功能。

功能说明如下。

（1）当明细中的业务类型发生改变，点击"代码维护"，系统会在这些代码库中查看是否存在相应的海关商品代码。

（2）当业务类型为海洋结构物或列名原材料，且海关商品代码的征退税率与海洋结构物码、列名原材料码中的征退税率有不同时，系统会自动获取海洋结构物码、列名原材料码中的征退税率。

（七）系统数据备份

数据备份的作用在于将系统中的所有数据（包括以前年度或月份的数据）进行备份。备份后文件夹大小约为27M，在重新安装系统后，可以导入此备份数据，恢复申报资料，所以备份功能对企业来说十分重要，建议企业在录入明细数据后即进行备份，以防数据丢失。

点击"系统维护→系统数据备份"，出现如图5-17所示界面。

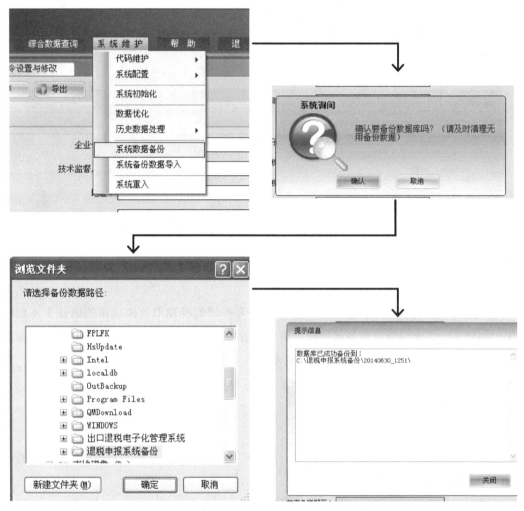

图5-17　备份数据

点击"确认"按钮系统开始备份，备份完成后，系统提示如下：此时，备份成功。路径为：C:\退税申报系统备份\20140612_1503\中，其中20140612_1503意为2014年6月12日15时3分，代表此数据的备份时间。企业可以据此判断哪一个文件夹是最新的，便于在导入时选择，并可将旧的备份数据删除，以减少磁盘空间的占用。

第二节　出口退税申报系统操作详解

要点01：新办企业出口退（免）税资格认定申请

已在审核系统中办理出口退（免）税认定的企业，不需要再办理退（免）税认定申请。

（一）退（免）税认定申请录入

在"基础数据采集→资格认定相关申请录入→退（免）税认定申请录入"中，点击"增加"按钮，按"出口退税登记表"的内容录入信息后点击"保存"按钮（如图5-18所示）。

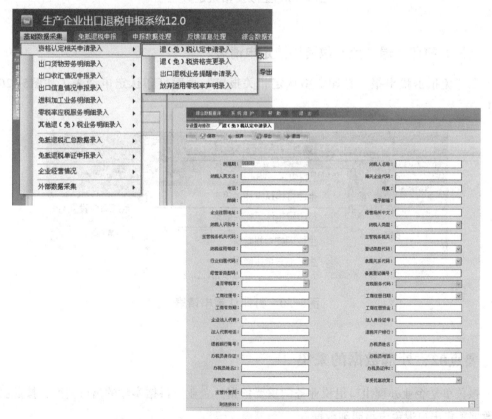

图5-18　退（免）税申请录入

（二）生成资格认定数据

在"免抵退税申报→生成资格认定相关数据"页面生成出口退（免）税资格认定信息（如图5-19所示）。

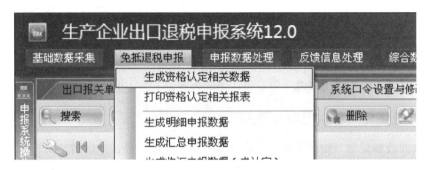

图5-19　生成资格认定数据

（三）打印"退（免）税资格认定申请表"

在"免抵退税申报→打印资格认定相关报表"页面打印认定申请表（如图5-20所示）。

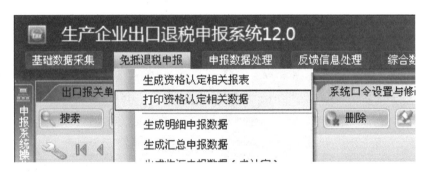

图5-20　打印认定申请表

要点02：外部数据的采集

报关单是企业办理出口退税业务的重要依据，企业应根据实际的出口情况，按照报关单数据采集出口退税申报明细数据。

出口报关单数据读入是指将从电子口岸下载的出口报关单数据读入出口退税申报系统中。

（一）出口报关单读入业务流程

出口报关单读入业务具体流程如图5-21所示。

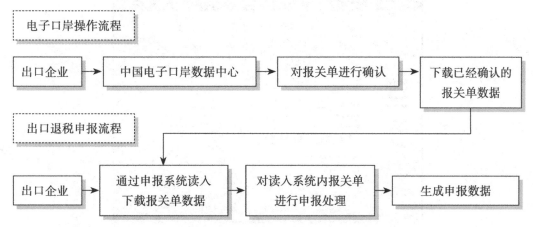

图5-21　出口退税系统应用电子口岸报关单数据流程

（二）出口报关单数据读入

1. 口岸电子执法系统操作

企业须到口岸电子执法系统下载报关单（见图5-22）。

图5-22　口岸电子执法系统界面

　　主菜单的操作步骤为：选择"出口报关单"，进入其界面后，输入查询条件，如出口日期、报关单号等，并设定文件保存路径，最后点击"下载"按钮完成下载报关单操作（如图5-23所示）。

图5-23　主菜单操作步骤

企业在申报系统读入海关电子数据前，必须确保该计算机已安装电子口岸软件（一般为oracle安装光盘），并已连接电子口岸读卡器和插入电子口岸操作员卡。

2. 出口报关单数据录入

下载的报关单数据是加密状态的数据，企业需要通过数据读入将报关单数据解密并读入系统中。打开"退税系统操作向导"，点击"第一步外部数据采集→出口报关单数据查询与确认"，进入该模块后，出现如图5-24所示界面。

图5-24 系统界面

（1）读入前，检查本机是否已有效连接电子口岸卡设备，以及参数设置中的电子口岸卡信息与当前连接的IC卡信息是否一致。

（2）打开向导第一步"外部数据采集→出口报关单数据查询与确认"，选取下载的报关单文件。要求选取的文件是当前电子口岸卡下载的报关单文件，否则无法读取（如图5-25所示）。

图5-25　系统界面

3. 出口报关单数据检查

数据检查是指企业对读入系统中的报关单数据进行规范性检查，如商品码是否为有效商品码等，然后企业根据检查结果日志将异常数据调整为满足退税申报要求的报关单数据。

在进行数据检查之前，需要在左边索引窗口勾选本次需要检查的报关单数据，有单个勾选、全选、不选三种方式。为了方便企业在选择报关单数据时进行查找，可以在索引窗口中点击"报关单号"或"出口日期"进行排序（见图5-26）。

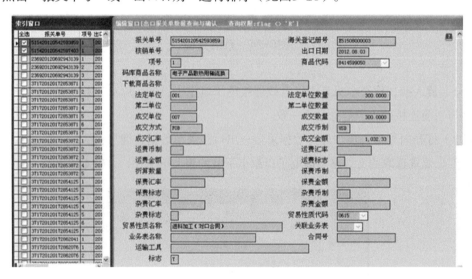

图5-26　索引窗口

在页面的左侧，勾选所需导入的出口数据，点击工具栏的"数据检查"，对筛选数据进行检查。

数据检查的具体项目如下。

（1）报关单号长度是否满足18位。

（2）商品项号是否为空。

（3）出口日期是否为空。

（4）商品代码是否为无效商品码。

（5）成交币制在币别码库中是否存在。

（6）各种成交方式下，对应的运、保、杂费币制是否为空。

（7）是否使用新的出口年月下的币制汇率。

（8）运费标志为2（即运费单价）时，提示用户填写折算数量。

（9）是否存在系统可以自动处理为有效商品码的海关商品代码。

（10）是否有新增的海关贸易性质，同时检查海关贸易性质配置表中是否存在尚未配置的信息。

选择报关单后，点击工具栏右侧的"数据检查"。检查结束后，系统将弹出文本查看器显示本次检查结果（检查记录条数、检查耗用时间、新增海关贸易性质、未配置贸易性质、异常数据信息，具体如图5-27所示）。

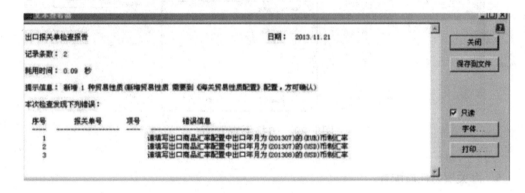

图5-27　系统界面

4. 出口商品汇率配置

电子口岸下载的报关单中不包含币制的汇率信息。系统在进行数据检查时，自动在出口商品汇率配置中增加应用到的报关单中的成交币制、运保杂费币制、出口年月，再由用户来配置各种币制对应出口年月的汇率。

（1）打开向导第一步，"外部数据采集→出口商品汇率配置"，进入"出口商品汇率配置"界面。点击"增加"按钮，具体如图5-28所示。

图5-28　申报系统界面

（2）根据币别简码和出口年月来填写税务局规定的当期汇率（100元外币兑人民币汇率）。点击"修改"按钮，在编辑窗口中录入相应的信息后，点击"保存"按钮，具体见图5-29。

图5-29　申报系统界面

5. 海关贸易性质配置

由于下载的报关单数据根据海关贸易性质的不同，可能需要应用到不同的业务表中，因此用户可以在海关贸易性质配置中一次配置贸易性质，系统将根据此配置确认数据。

进行报关单数据检查时，海关贸易性质配置自动增加报关单数据中涉及而配置表中没有的贸易性质。

企业需要在确认数据前，在海关贸易性质配置中配置对应的业务表，系统将根据配置将报关单数据确认到对应的业务表中。

另外，当无法根据海关贸易性质确认业务表时（如出现同一贸易性质的报关单数据需要确认到多个业务表的情况），企业可以通过直接修改报关单数据中的关联业务表项，将报关单数据确认至不同的业务表中。

具体操作步骤如下。

（1）打开向导第一步，"外部数据采集→海关贸易性质配置表"，点击"修改"按钮，选择相对应的明细表后，点击"保存"按钮（如图5-30所示）。

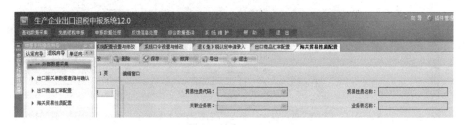

图5-30　申报系统界面

（2）点击索引窗口中"关联业务表"项为空的记录，然后点击工具栏中"修改"按钮，下拉选择海关贸易性质对应的"关联业务表"，进行保存。

6．出口报关单数据确认

数据确认是出口退税系统应用电子口岸报关单数据的核心环节。

在数据确认过程中，系统将报关单数据转换处理为退税申报明细数据。如果企业手动填写了报关单数据中的成交汇率、运保杂费汇率，系统将使用填写的汇率进行相关计算（如原币离岸价折算、人民币离岸价计算、美元离岸价计算等）。未填写汇率的报关单数据，将使用"出口商品汇率配置"中的币制汇率进行相关计算。

具体操作步骤如下。

（1）选择"基础数据采集→外部数据采集→出口报关单数据查询与确认"（如图5-31所示）。

（2）点击工具栏中"数据确认"按钮。

（3）需要企业填写确认所属期。在弹出的对话框中录入对应的申报所属期，点击"确认"按钮，出现如图5-32

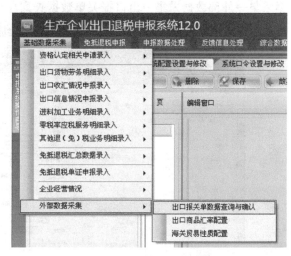

图5-31　申报系统界面

115

所示的界面。系统默认的是已申报最大所属期的下一期，已经申报的所属期无法确认。

图5-32　申报系统界面

（4）当需要再次确认报关单数据时，可以先执行"数据恢复"，经调整后再次确认。注意：确认后的报关单数据不再显示，"数据恢复"只是使隐藏的数据再次可见，使用户可以再次应用这部分报关单数据。建议用户在执行"数据恢复"后，对应删除业务表中的数据。

7. 数据恢复

企业确认后发现错误（例如数据入错明细表、报关单信息错误等），可选择"基础数据采集→外部数据采集→出口报关单数据查询与确认"（退税申报向导第一步），进入该模块后，点击"数据恢复"按钮，将已确认到明细表的报关单数据恢复，具体见图5-33。

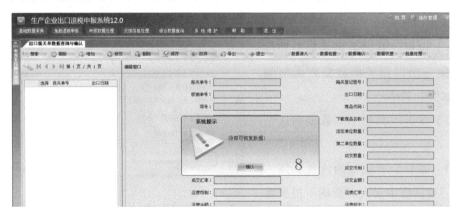

图5-33　申报系统界面

接下来，须根据提示到相关明细表界面将数据删除。

8．数据确认的后期处理

由于电子口岸报关单数据中不提供部分数据信息，因此企业需要后期手动处理该部分内容，如修改记销售日期、设置单证不齐标志、填写出口发票号等。为方便企业操作，系统增加了对这部分内容的批量处理功能。

具体操作步骤如下。

进入向导第二步的"出口货物明细申报录入"，在编辑窗口右击，弹出"报关单确认数据处理"（如图5-34所示）。

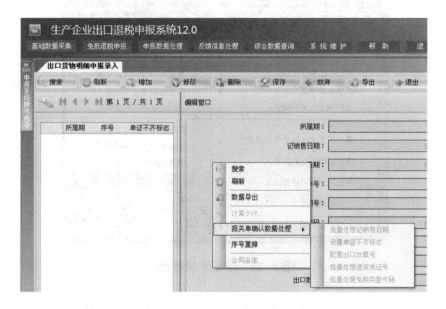

图5-34　申报系统界面

（1）批量处理记销售日期。输入出口日期起始范围和终止范围，填写记销售日期，点击处理，将该出口日期范围的所有记销售日期批量处理为填写的记销售日期。

（2）设置单证不齐标志。选择当前记录或当前筛选条件下所有记录，设置实际标志，如B、D、空，系统将当前记录（或筛选下所有记录）的单证不齐标志设置为企业选择的标志。

（3）配置出口发票号。系统列出所有报关单号，用户在对应的报关单号后面填写实际发票号，待全部填写完成后，点击"更新"，更新当前全部数据中的出口发票号。

生产企业与外贸企业出口退税指南

要点03：免抵退税申报数据录入

（一）出口货物劳务明细录入

根据国家税务总局公告2013年第61号规定，企业自2014年2月1日（申报日期）起应根据单证齐全、信息齐全的出口销售额进行免抵退税正式申报。

点击"基础数据采集→出口货物劳务明细录入→出口货物明细申报录入"，录入数据时，在"单证不齐标志"栏不允许录入任何标志，否则无法保存，具体见图5-35。

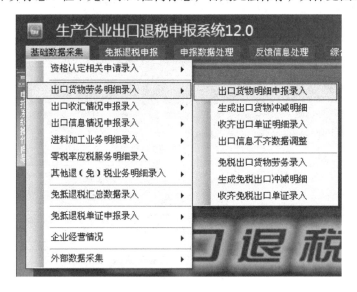

图5-35　申报系统界面

进入"出口货物明细申报录入模块"后，点击"增加"，激活编辑窗口，各栏的录入方法如表5-2所示。

表5-2　各栏的录入方法

序号	栏目	录入方法
1	记销售日期	根据该笔出口记账日期录入，一般系统默认为申报月份最后一天
2	进料登记手册号	根据出口报关单中备案号录入，当该出口报关单的"贸易方式"栏为"一般贸易"时，该栏为空，无须录入
3	出口报关单号	18位海关编号+【0】+2位项号

（续表）

序号	栏目	录入方法
4	单证不齐标志	属于国税总局第2013年30号文件规定的九类企业的，对暂未收汇的出口货物，单证不齐标志录入"W"，暂不参与免抵退计算。待收汇并填报"出口货物收汇申报表"后，方可参与免抵退计算
5	出口商品代码	按出口报关单中的商品编号录入
6	申报商品代码	如果出口的货物原材料成本80%以上为黄金、铂金、银、珍珠、天然钻石、工业用和人造钻石、宝石、翡翠的，申报商品代码按原材料代码录入
7	原币汇率	企业当月申报录入的出口报关单可能涉及出口日期是以前多个月份的，汇率采用出口报关单记账月份的汇率
8	出口发票号	根据出口报关单对应的出口发票的编号录入。当同一张出口报关单对应多张出口发票时，选择金额最大的那一张出口发票的编号录入
9	业务类型代码	商品销售特殊区域的填写"TSQY"，跨境人民币结算的填写"KJ"，销售视同自产货物的填写"STZC"，建议如选择了业务类型代码，须将对应的业务类型代码同时输入备注中

录入完上述各项内容后，即可点击"保存"按钮进行存盘。重复上述操作，将当月取得的直接出口报关单录入此模块，即可完成出口货物明细申报录入。但在退出该模块之前，记得点击"序号重排"按钮，进行序号重排，以避免序号出错。

特别提示

企业在录入报关单出口额时，要检查报关单的成交方式。如果是以FOB价成交的，可以直接录入报关单上填写的金额；若成交方式为CIF或CFR时，必须按照出口报关单上注明的CIF价或CFR价减去运费、保险费及杂费后的余额作为免抵退出口额录入。

（二）生成出口货物冲减明细

企业出口的货物因故发生退运或退关，或者企业发现前期已做出口明细申报的数据有错误时，需要对退运、退关货物的申报记录或错误申报数据进行冲减。

出口货物明细冲减分为单证齐全冲减和单证不齐冲减两种。

1. 单证齐全冲减

单证齐全冲减是指对已经收齐单证的出口货物申报记录进行冲减。具体步骤如下。

第一步，选择向导"第二步"，点击"免抵退明细数据采集→生产出口货物冲减明细"按钮。

第二步，在打开的编辑窗口中，点击左边的索引窗口中的冲减记录，然后点击工具栏"冲减出口"红色按钮，系统界面出现"生产出口货物冲减明细"的小窗口。在"记录操作范围"选项中，一般选择"当前记录"。冲减所属期如果是当期，默认系统选择即可。也可根据需要选择以前的申报期，前提是把该申报期以后各期生成的申报数据全部做撤销申报操作。进行单证齐全冲减时，窗口的单证标志及单证号码等各栏都是有灰度的，不能录入数据（如图5-36所示）。

图5-36　生成出口货物冲减明细

第三步，点击"确定"按钮，系统会增加一条与所选冲减记录的数据完全相同，但均为负数的记录，记录的序号为"Z000"。

第四步，退出冲减窗口，进入向导第二步"免抵退明细数据采集→出口货物明细申报录入"模块，进行序号重排即可。

2．单证不齐冲减

单证不齐冲减是指前期出口货物已做过免抵退税明细申报，在单证收齐之前发现错误或发生退运后所做的冲减。

在单证不齐冲减中，有一个"是否先收齐单证再冲减"的选项。

在单证不齐冲减的明细录入过程中，对由任何原因造成的冲减都可以先冲减后再做单证收齐，即不勾选"是否先收齐单证再做冲减"。但这样做有一个缺点：被冲减的数据和冲减的红字数据将永久保留在"索引窗口"中。如果勾选，就不会有此问题。

　　　　只有对整笔出口货物明细进行冲减时，才在此界面下操作。对部分冲减出口货物明细的，应在"出口货物明细申报录入"界面下以负数进行冲减。冲减所属期为当前的申报期，而不是原出口所属期。

　　　　对于前期录入数据错误的冲减，在冲减之后会出现一个报关单号对应3条记录的情况，这3条记录都是单证收齐的。而且在预申报之后，反馈信息中会出现海关离岸价超过海关电子信息金额的疑点，这些疑点是由数据冲减所致的，是属于正常的疑点，不用调整。

（三）收齐出口单证明细录入

"收齐出口单证明细录入"是指当年内的以前所属期申报的出口明细。由于"纸制单证不齐"或"信息不齐"，无法取得"外部确认"而标上"单证不齐标志"的出口数据，在本期收回"出口单证"的，通过该模块进行"单证收齐"申报。

企业可以在申报系统主界面点击"基础数据采集→收齐出口单证明细录入"（或在"向导"中选择"第二步免抵退明细数据采集→收齐出口单证明细录入"）。

左边的索引窗口显示的是所有前期单证不齐的出口数据，企业可在这里找到本月需做单证收齐的出口记录。右边的编辑窗口只有"所属期""序号""单证收齐标志"或"报关单号""代理证明号"这几项可以修改（发现前期输入有错时），其他各项均不能修改。

若是一笔单证收齐，则先在索引窗口选定要做收齐的记录，然后点击"修改"按钮，具体见图5-37。

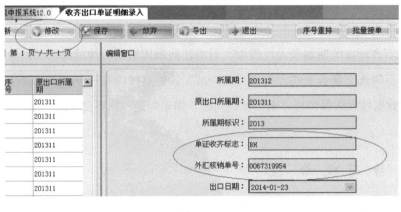

图5-37 索引界面

（1）"所属期"：为单证收齐的年月，如2013年12月收齐11月的单证，则所属期为"201312"，而非"201311"。

（2）"序号"：指本月所收齐前期单证的顺序号。

（3）"单证收齐标志"：当期收齐何种单证就录入相应的字母。如收齐了报关单，就录入"B"。

（4）"报关单号"或"代理证明号"：除非原出口货物的"报关单号"或"代理证明号"发生变化，否则不需要修改。修改之后，点击"保存"按钮，退出即可。如果已接单的记录需要撤销，选中要撤销的记录，点击"撤销接单"红色按钮即可。

（5）若是同一张报关单（或代理证明）有多条记录时，也可通过新增的"批量接单"功能将该报关单（或代理证明）的多条记录同时收齐，点击"批量接单"按钮。

根据企业实际情况，选择按报关单或代理证明批量收齐单证，并相应录入报关单号或代理证明号，然后点"确定"按钮。所有单证收齐后，点击"序号重排"按钮。

出口报关单退税联的申报日期限至出口次年4月15日前。

要点04：出口信息不齐数据调整

在"免抵退税明细数据采集→出口信息不齐数据调整"模块，对当期申报的出口货物劳务明细数据进行调整（见图5-38）。可将当期申报的，但经税务局预审后标为信息不齐的单证"所属期"更改为下个所属期，涉及多份报关单可选择"当前筛选条件下所有记录"。

图5-38　申报系统界面

为避免增加企业工作量，企业可以按如下方法进行操作：企业可以在收到退税联黄单,且在中国电子口岸出口退税子系统查询到该报关单"国税总局已接收"字样后的下一个星期(必须在出口的次年4月15日前),再进行报关单申报录入,这样才能确保预审有信息,以减少修改所属期的工作量。

要点05:出口收汇情况申报录入

录入的条件:根据国家税务总局公告2013年第30号的相关规定,被认定为需要提供收汇资料的企业,在申报免抵退时应提供出口收汇情况申报资料及电子信息。

(一)申报出口收汇企业的认定

退税部门在免抵退税审核过程中进行生产企业申报收汇九类企业认定,并通过预审信息的反馈,将企业配置的修改记录反馈给企业后,出口退税申报系统会自动在"系统维护→系统配置→系统参数设置与修改"里修改企业配置信息(见图5-39)。

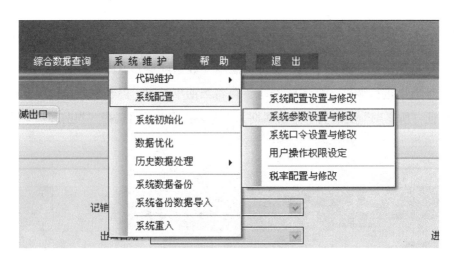

图5-39 申报系统界面

被认定为申报出口收汇九类企业后,企业在申报收汇起止期间内申报免抵退税出口销售额时,应根据30号公告的规定,在已收汇并向税务机关提供收汇申报资料及电子信息后,进行免抵退税正式申报(见图5-40)。

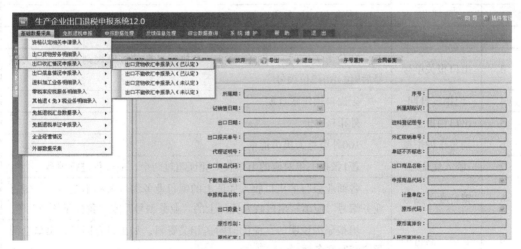

图5-40 申报系统界面

（二）九类企业出口收汇情况录入

1. 出口收汇情况申报录入（已认定）

点击"基础数据采集"→"出口收汇情况申报录入"→"出口货物收汇申报录入（已认定）"，进入如下界面进行编辑（见图5-41）。

图5-41 申报系统界面

点击"增加"按钮，根据银行的收账通知书相关记录录入数据（见图5-42）。

图5-42　申报系统界面

收账通知书填表说明如表5-3所示。

表5-3　收账通知书填表说明

序号	栏目	具体说明
1	所属期	4位年份+2位月份，如：201406
2	序号	4位流水号，如：0001、0002…
3	出口报关单号	18位海关编号+[0]+2位项号。在执行日期前按原规则录入，海关编号后9位+[0]+2位项号
4	记销售日期	记出口销售账日期
5	出口销售金额	外币FOB价
6	销售币种汇率	100外币兑人民币汇率
7	收入凭证号	若1张报关单对应的出口收入凭证超过两个，应分行进行填写
8	银行业务编号	各商业银行的出口收入凭证上的银行业务编号名称不统一，"银行业务编号"应填写出口收入凭证上的"业务编号"或"我行业务号"等
9	非进口商付汇	填报原因说明的，应同时附送相关资料，如出口合同等，出口合同号应填写在备注栏
10	非进口国付汇	填报原因说明的，应同时附送相关资料，如出口合同等，出口合同号应填写在备注栏

2．出口不能收汇申报录入（已认定）

点击"基础数据采集"→"出口收汇情况申报录入"→"出口不能收汇申报录入（已认定）"，进入如下界面进行编辑（见图5-43）。

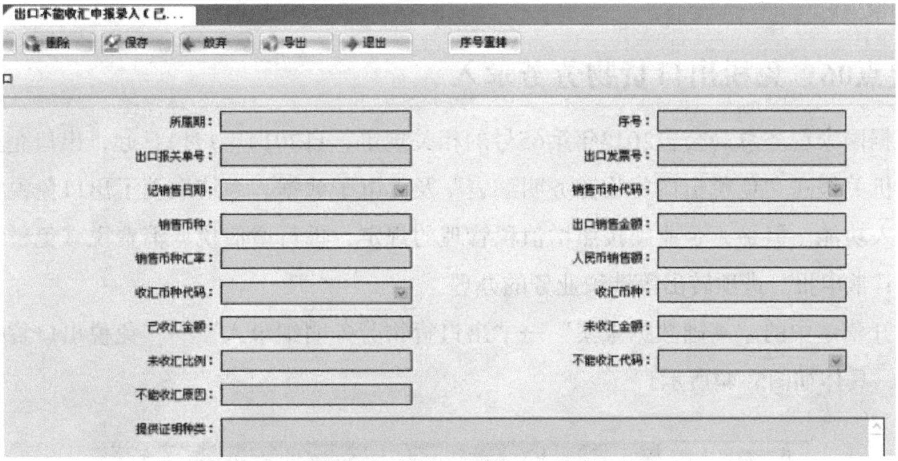

图5-43 申报系统界面

由于系统设置的原因，"出口不能收汇申报录入（已认定）"模块"已收汇金额"栏不能为0。如果整笔报关单金额不能收汇，可在"已收汇金额"录入0.01，这样就能保存成功。

出口不能收汇申报填表说明如表5-4所示。

表5-4 出口不能收汇申报填表说明

序号	栏目	具体说明
1	所属期	4位年份+2位月份，如：201407
2	序号	4位流水号，如：0001、0002…
3	出口报关单号	18位海关编号+[0]+2位项号。执行日期前按原规则录入，海关编号后9位+[0]+2位项号
4	记销售日期	记出口销售账日期
5	出口销售金额	外币FOB价
6	销售币种汇率	100外币兑人民币汇率

3．非九类企业出口收汇情况录入

非九类企业在"出口收汇申报录入（未认定）"和"出口不能收汇申报录入（未认定）"中录入数据，操作步骤和九类企业录入一样。

要点06：免税出口货物劳务录入

根据国家税务总局公告2013年第65号的相关规定，自2014年1月1日起，出口企业不再向税务机关报送"免税出口货物劳务明细表"及其电子数据。系统取消了出口免税货物的明细录入功能。但是，企业须按照增值税管理的规定，进行增值税、消费税减免税备案、增值税日常申报、进项转出等涉税业务的办理。

打开菜单中的"基础数据采集"→"出口货物劳务明细录入"→"免税出口货物劳务录入"，具体如图5-44所示。

图5-44　申报系统界面

要点07：数据一致性检查

在申报系统主界面选择点击"申报数据处理"→"数据一致性检查"（或在"向导"中选择"第五步免抵退税预申报"→"数据一致性检查"），具体如图5-45所示。

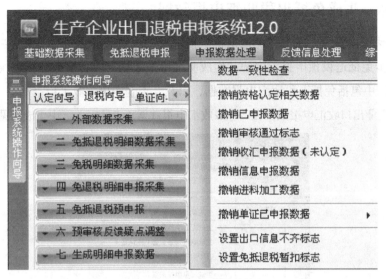

图5-45　申报系统界面

点击“数据一致性检查”选项，可能出现如图5-46所示的界面。

	报表名称	所属期	申报序号	错误信息
2	出口明细表	200902	0004	退税率与商品码库中的退税率不符
3	出口明细表	200902	0005	退税率与商品码库中的退税率不符
4	出口明细表	200902	0007	退税率与商品码库中的退税率不符
5	出口明细表	200902	0008	退税率与商品码库中的退税率不符
6	出口明细表	200902	0011	退税率与商品码库中的退税率不符
7	出口明细表	200902	0013	退税率与商品码库中的退税率不符
8	出口明细表	200902	0015	退税率与商品码库中的退税率不符
9	出口明细表	200902	0017	退税率与商品码库中的退税率不符

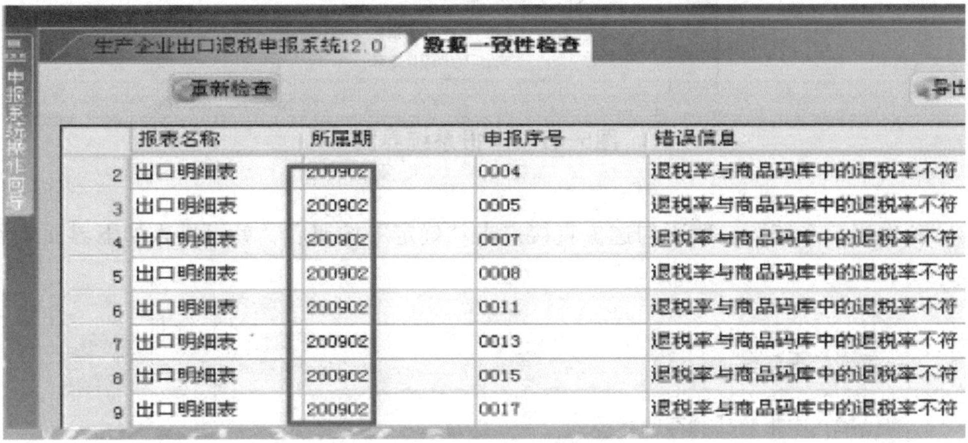

图5-46　申报系统界面

然后根据弹出界面的错误提示返回到第二步或第三步逐笔修改，修改申报资料录入的错误后，再进行一次“数据一致性检查”，直到发现任何错误为止。

要点08：生成免抵退税明细申报数据

在申报系统主界面，点击"免抵退税申报→生成明细申报数据"（或者在"向导"中选择"第五步免抵退税预申报"中的"生成明细申报数据"），生成免抵退税申报数据。明细申报数据中包括免抵退税明细申报数据，以及九类企业出口收汇申报数据。

非九类企业出口收汇申报数据在"生成收汇申报数据（未认定）"中生成（见图5-47）。

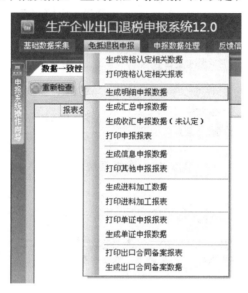

图5-47　申报系统界面

"备份当前系统"一般不勾选。直接点击"确定"按钮后，就可进入如下界面（见图5-48）。

图5-48　申报系统界面

在该界面企业应选择点击"本地申报"栏，在"路径"栏中输入"年月+MX"，如"D:\201401MX"，再点击"确定"按钮。

由于是新建的路径，点击"确认"按钮，系统将提示正在生成申报数据。生成完毕后，系统将显示以下界面，报告此次申报所生成的数据表的条数，具体如图5-49所示。

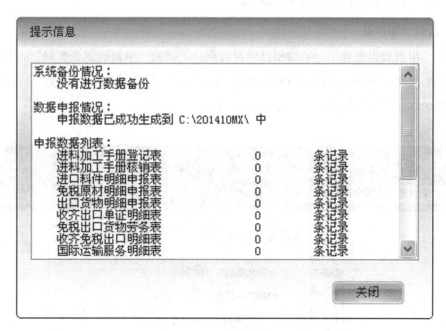

图5-49　申报系统界面

企业将上述生成的明细文件夹压缩后发送给专管员预审，税务机关受理企业出口退（免）税预审申报后，会及时审核并向企业反馈审核结果。企业应将预申报反馈信息读入申报系统，进行预审反馈疑点的调整。

要点09：预审反馈疑点调整

企业在正式申报出口退（免）税之前，应按现行申报办法向主管税务机关进行预申报。税务机关受理企业出口退（免）税预申报后，应及时审核并向企业反馈审核结果。企业在主管税务机关确认申报凭证的内容与对应的管理部门电子信息无误后，方可提供规定的申报退（免）税凭证、资料及正式申报电子数据，向主管税务机关进行正式申报。如果预审发现申报退（免）税的凭证没有对应的管理部门电子信息或凭证的内容与电子信息不符，企业应在对预审结果处理后，再按规定进行免抵退税预申报、正式申报。

（一）预申报反馈信息读入及处理

1. 撤销明细申报

点击"申报数据处理"→"撤销已申报数据"，撤销"申报明细表数据"。其中，已认定为收汇九类企业的，出口货物收汇数据（已认定）和出口不能收汇数据（已认定）合并在"明细申报数据"中申报和撤销（见图5-50）。

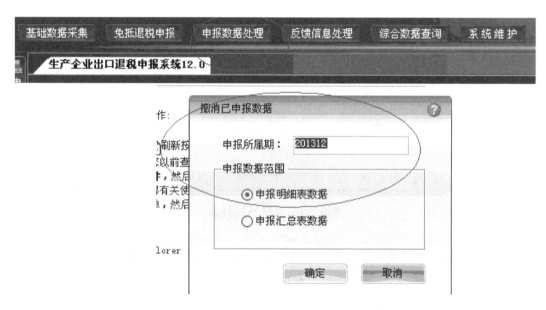

图5-50　申报系统界面

2. 税务机关预审反馈信息读入

点击"反馈信息处理"→"税务机关反馈信息读入"，读入税务机关预审信息（见图5-51）。

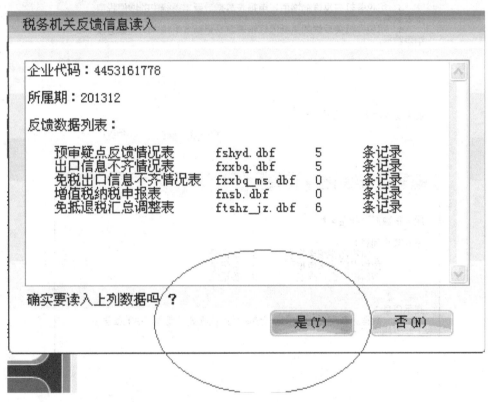

图5-51　申报系统界面

3. 税务机关预审反馈信息处理

点击"反馈信息处理"→"税务机关反馈信息处理",在其中进行税务机关预审信息的处理。进行反馈信息处理后,系统会自动在出口货物劳务明细申报"信息不齐标志"栏添加相应的信息不齐标志(见图5-52)。

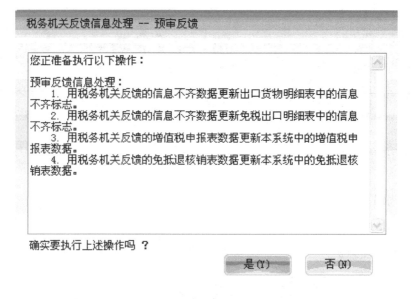

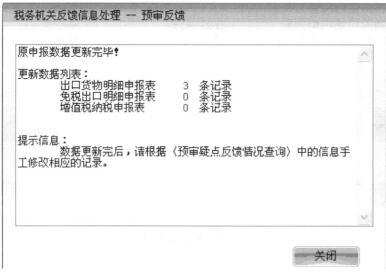

图5-52 税务机关反馈界面

（二）预审申报反馈疑点调整

如果有疑点，则打开反馈的疑点文件fshyd（打开方式为Excel），对有疑点的数据进行修改（如出口日期、商品代码、报关单号码录入错误），修改后须再次预审。

1. 出口信息不齐数据调整

点击"基础数据采集"→"出口货物劳务明细录入"→"出口信息收齐数据调整"，对当期申报的出口货物劳务明细数据进行调整。可将当期申报的信息不齐单证"所属期"更改为下个所属期，涉及多份关单可选择"当前筛选条件下所有记录"（见图5-53）。

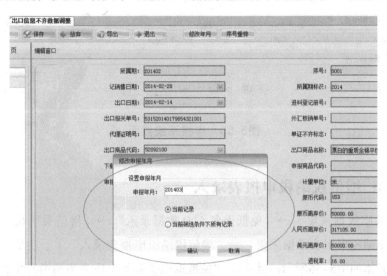

图5-53 申报系统界面

2. 取消信息不齐标志

读入反馈数据后系统对于信息不齐的单证自动添加"信息不齐标志"，如果属于出口货物报关单号录入错误造成的信息不齐，则可以在改为正确的报关单号后，点击"申报数据处理"→"设置出口信息不齐标志"，将"信息不齐标志"栏设置为"空"，具体如图5-54所示。

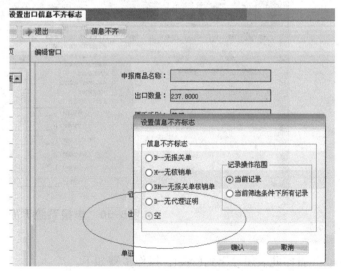

图5-54 申报系统界面

3．调整收齐出口单证明细数据

在"基础数据采集"→"出口货物劳务明细录入"→"收齐出口单证明细录入"栏，对于预审反馈信息不齐的收齐前期单证明细数据，应打开反馈的疑点文件fxxbq（打开方式为Excel）核对，如果确属信息不齐单证，则须"撤销接单"，具体如图5-55所示。

图5-55　申报系统界面

要点10：增值税纳税申报表录入

点击"基础数据采集"→"免抵退税汇总数据录入"→"增值税纳税申报表录入"（或"第九步纳税申报表数据采集"→"增值税纳税申报表录入"），生成增值税纳税申报表数据，具体如图5-56所示。其中，"免抵退税销售额"应为当期参与免抵退税正式申报的单证齐全、信息齐全、收汇九类企业收汇信息齐全的出口发票上的FOB价。

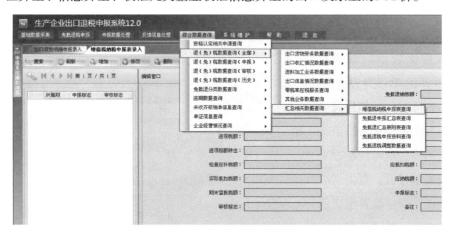

图5-56　申报系统界面

打印此表须导出到Excel，操作步骤如下。

点击菜单栏的"综合数据查询"→"退（免）税数据查询（全部）"→"汇总相关数

据查询"→"增值税纳税申报表查询"。

再点击工具栏"导出"选择存放的路径。

增值税纳税申报表填表说明如表5-5所示。

表5-5　增值税纳税申报表填写说明

序号	栏目	具体说明
1	所属期	税款所属期。规则：4位年份+2位月份，如：201406
2	免抵退销售额	当期免抵退出口货物销售额。规则：按"增值税纳税申报表"第7栏"免抵退办法出口货物销售额"填报
3	免抵退销售额累计	免抵退出口货物销售额本年累计数。规则：按"增值税纳税申报表"第7栏"免抵退办法出口货物销售额"本年累计数填报
4	不得抵扣税额	免抵退税不得免征和抵扣税额。规则：按"增值税纳税申报表附列资料（表二）"第18栏"免抵退税办法出口货物不得抵扣进项税额"填报
5	不得抵扣税额累计	免抵退税不得免征和抵扣税额本年累计数。规则：按"增值税纳税申报表附列资料（表二）"第18栏"免抵退税办法出口货物不得抵扣进项税额"本年累计数填报
6	销项税额	按"增值税纳税申报表"第11栏"销项税额"填报
7	进项税额	按"增值税纳税申报表"第12栏"进项税额"填报
8	上期留抵税额	按"增值税纳税申报表"第13栏"上期留抵税额"填报
9	进项税额转出	按"增值税纳税申报表"第14栏"进项税额转出"填报
10	免抵退应退税额	上期的免抵退税应退税额。规则：按"增值税纳税申报表"第15栏"免抵货物应退税额"填报
11	检查应补税额	纳税检查应补缴税额。规则：按"增值税纳税申报表"第16栏"按适用税率计算的纳税检查应补缴税额"填报
12	应抵扣税额	按"增值税纳税申报表"第17栏"应抵扣税额"填报
13	实际抵扣税额	按"增值税纳税申报表"第18栏"实际抵扣税额"填报
14	应纳税额	按"增值税纳税申报表"第19栏"应纳税额"填报
15	期末留抵税额	按"增值税纳税申报表"第20栏"期末留抵税额"填报
16	申报标志	空：未申报；R：已申报
17	审核标志	空：未审核通过；R：已审核通过

要点11：免抵退税申报汇总表录入

点击"基础数据采集"→"免抵退税汇总数据录入"→"免抵退税申报汇总表录入"（或"向导"的"第十步免抵退汇总数据采集"→"免抵退税申报汇总表录入"），生成免抵退税汇总表数据（如图5-57所示）。

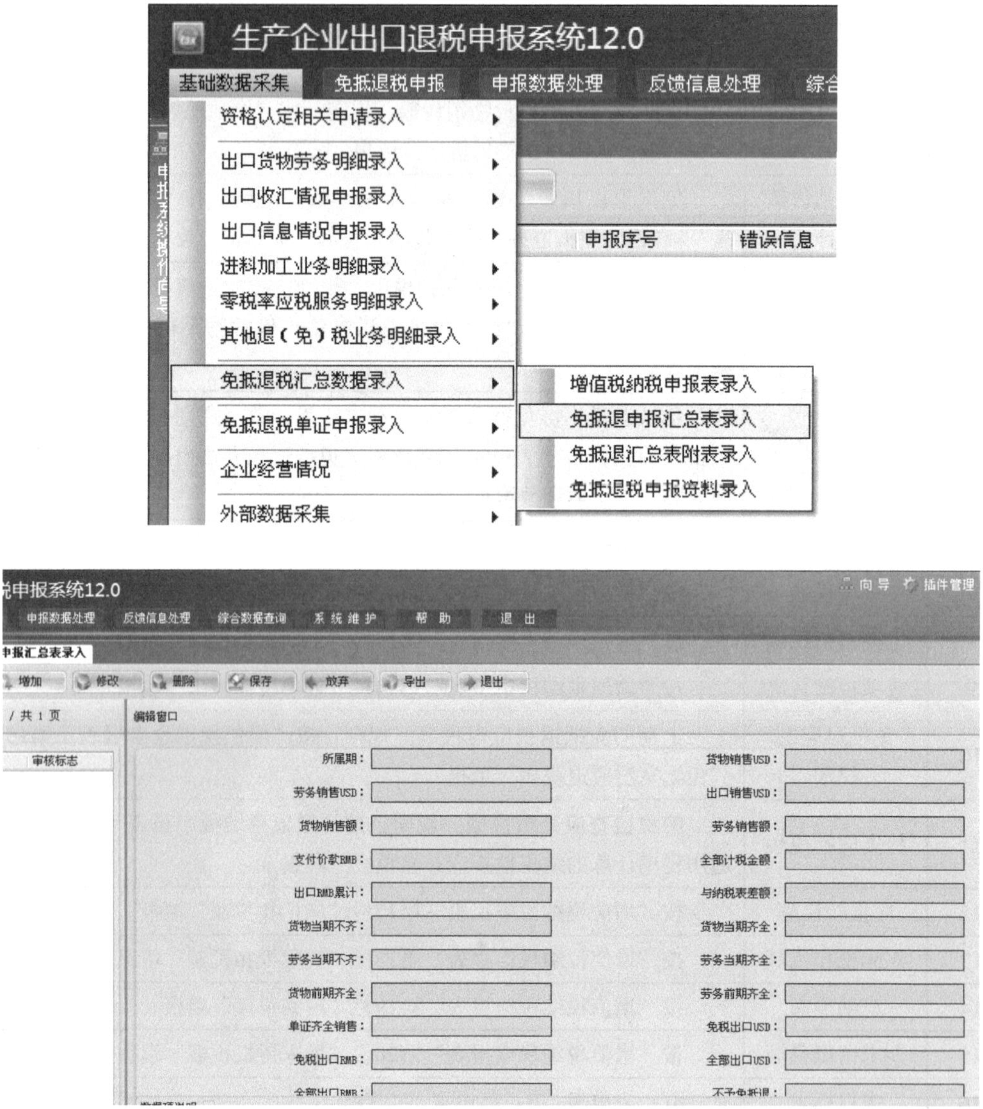

图5-57　申报系统界面

（一）免抵退税申报汇总表录入

进入"免抵退税申报汇总表录入"界面后，点击"增加"按钮，在"所属期"上录入当前的税款所属"年月"后按回车键，其他栏次即可自动生成，无须手工录入，再点击"保存"按钮，即完成汇总表的数据采集工作。

填表说明如表5-6所示。

表5-6　免抵退税申报汇总表填表说明

序号	栏目	具体说明
1	所属期	4位年份+2位月份，如：201407
2	货物销售USD	抵退出口货物销售额（美元）
3	劳务销售USD	应税服务免抵退税营业额（美元），为当期全部零税率应税服务营业额（美元）
4	出口销售USD	免抵退出口货物劳务销售额（美元），为企业当期全部免抵退出口货物美元销售额加上零税率应税服务美元营业额
5	货物销售额	免抵退出口货物销售额（人民币）（注：要与"出口销售收入确认表""增值税系统申报表""出口货物申报明细表"合计数一致）
6	劳务销售额	应税服务免抵退税营业额（人民币）
7	支付价款RMB	支付给非试点纳税人的营业价款，为当期确认的支付给非营业税改征增值税试点地区纳税人的营业价款
8	全部计税金额	免抵退出口货物劳务计税金额（人民币），为企业当期全部免抵退出口货物人民币销售额加上零税率应税服务人民币营业额扣除支付给非试点纳税人营业价款后的余额
9	出口RMB累计	免抵退出口货物劳务计税金额（人民币）本年累计数
10	与纳税表差额	退税部门审核确认的"免抵退出口销售额"累计申报数减"增值税纳税申报表"对应项目的累计数的差额（注：绝不能出现数据，若出现数据，是因为上一步的"增值税系统申报表"相关数据与该项不一致）
11	货物当期不齐	单证不齐或信息不齐出口货物销售额，为企业当期出口的单证不齐或信息不齐部分免抵退出口货物人民币销售额
12	货物当期齐全	单证信息齐全出口货物销售额，为企业当期出口的单证齐全部分且经过信息确认的免抵退出口货物人民币销售额

（续表）

序号	栏目	具体说明
13	劳务当期不齐	当期单证不齐应税服务免抵退税计税金额，为企业当期已确认收入但收款凭证不齐的零税率应税服务免抵退税计税金额
14	劳务当期齐全	当期单证齐全应税服务免抵退税计税金额，为企业当期已确认收入且收款凭证齐全的零税率应税服务免抵退税计税金额
15	货物前期齐全	前期出口货物单证信息齐全销售额，为企业前期出口当期收齐单证部分且经过信息确认的免抵退出口货物人民币销售额
16	劳务前期齐全	前期应税服务单证齐全免抵退税计税金额，为企业前期确认营业收入当期收齐收款凭证的零税率应税服务免抵退税计税金额
17	单证齐全销售	单证齐全免抵退税出口货物销售额＝当期单证齐全免抵退税出口销售额＋前期免抵退税出口货物当期收齐单证销售额
18	免税出口USD	免税出口货物销售额（美元）
19	免税出口RMB	免税出口货物销售额（人民币）
20	全部出口USD	全部出口货物销售额（美元）＝免抵退出口货物劳务销售额（美元）＋免税出口货物销售额（美元）
21	全部出口RMB	全部出口货物销售额（人民币）＝免抵退出口货物劳务销售额（人民币）＋免税出口货物销售额（人民币）
22	不予免抵退	不予免抵退出口货物销售额
23	货物征退税差	出口货物销售额乘征退税率之差
24	劳务征退税差	应税服务免抵退税计税金额乘征退税率之差
25	征退税差	免抵退出口货物劳务销售额乘征退税率之差
26	上期不免抵减	上期结转免抵退税不得免征和抵扣税额抵减额（注：该栏电脑会根据上月汇总表的"结转下期免抵退税额抵减额"自动取值得出）
27	不予抵扣减	免抵退税不得免征和抵扣税额抵减额
28	不免抵扣税额	免抵退税不得免征和抵扣税额
29	不免抵扣累计	免抵退税不得免征和抵扣税额本年累计数
30	与纳税表差额	退税部门审核确认的"免抵退税不得免征和抵扣税额"累计申报数减"增值税纳税申报表"对应项目的累计数的差额
31	结转不免抵减	结转下期免抵退税不得免征和抵扣税额抵减额
32	货物乘退税率	出口货物销售额乘退税率

（续表）

序号	栏目	具体说明
33	劳务乘退税率	应税服务免抵退税计税金额乘退税率
34	出口乘退税率	免抵退税出口货物劳务销售额乘退税率
35	上期免抵抵减	上期结转免抵退税额抵减额
36	免抵退税抵减	免抵退税额抵减额
37	结转免抵抵减	结转下期免抵退税额抵减额
38	期末留抵税额	当期增值税纳税申报表期末留抵税额
39	计算期末留抵	计算退税的期末留抵税额
40	申报标志	空：未申报；R：已申报
41	审核标志	空：未审核通过；R：已审核通过

（二）免抵退汇总表附表录入

汇总表数据增加生成后，系统会自动生成附表两个年度的数据，具体如图5-58所示。

图5-58 系统界面

免抵退汇总表附表用于划分不同年度的数据，与汇总表是同步生成的，不需要手工录入操作，系统自动生成（通常在有跨年度数据时才需提供）。该表与免抵退税汇总表基本一致，仅多了第二栏的"所属期标识"，用于划分不同年度的免抵退税额。

要点12：免抵退税申报资料情况录入

企业要对本期免抵退税申报涉及凭证份数、信息条数进行汇总记录。

主菜单的操作步骤为：选择"基础数据采集"→"免抵退申报资料情况录入"（退税申报向导为第十步），点击"增加"按钮，系统自动确定"所属期"，按回车键，该表中的所有数据会自动生成，具体如图5-59所示。

所属期：		当期出口份数：	
当期出口条数：		前期出口份数：	
前期出口条数：		国际运输份数：	
国际运输条数：		研发设计份数：	
研发设计条数：		收营业款份数：	
收营业款条数：		申报汇总份数：	
出口发票张数：		美元出口额：	
出口报关单数：		代理出口张数：	
收汇核销单数：		远期证明张数：	
其他凭证张数：		合同登记证数：	
服务合同份数：		服务发票份数：	
收款凭证份数：		进口料件份数：	
进口料件条数：		进料登记份数：	
进料登记条数：		进料核销份数：	
进料核销条数：		保税料件份数：	

图5-59　系统界面

填表说明如下。

（1）"所属期"：4位年份+2位月份，如：201407。

（2）"条数"：明细中采集的条数。

（3）"份数"：申报纸质单证的张数。

（4）"美元出口额"：本期出口货物中美元离岸价的总和。

（5）"美元进口额"：本期进口货物中美元到岸价的总和。

要点13：数据一致性检查

完成"向导"中的上述步骤之后，在生成汇总申报数据之前，企业必须进行数据一致性检查，具体操作为：在系统主界面选择"向导"中的"第十一步免抵退税正式申报"的"数据一致性检查"，对出现的疑点提示要仔细找出原因并进行修改，直到没有疑点或者显示的为正常疑点。

（1）如发现只是"纳税申报表"或"汇总表"数据有错，明细申报未发生错误，企业根据该错误提示返回"纳税申报表"或"汇总表"数据采集模块改正相关栏次的错误即可。

（2）如发现明细申报数据有错误时，企业必须先进入"向导"第十步"免抵退汇总数据采集"→"免抵退申报汇总表录入"界面，再在索引窗口选择当月后，点击"删除"按钮将当月的汇总表数据全部删除。

然后，企业再返回系统主界面，选择点击"申报数据处理"→"撤销已申报数据"（或在"向导"中选择第六步"预审核反馈疑点调整"——撤销已申报数据），在弹出的界面中，在"所属期"录入本期的"年月"，在"申报数据范围"选择"申报明细表数据"后，点击"确定"按钮即可撤销明细申报数据。再按数据一致性检查中提示的错误返回各明细数据录入模块，修改相关错误。在此要注意，必须先撤销申报汇总表数据，再撤销申报明细表数据，重做"向导"中第七至第十步的工作即可。

要点14：生成汇总申报数据

（一）生成信息申报数据

在申报系统主界面，选择点击"向导"第十一步"免抵退税正式申报"→"生成信息申报数据"，生成申报数据，具体如图5-60所示。

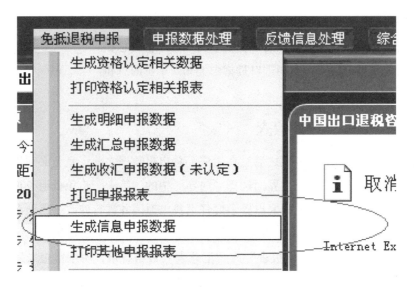

图5-60　申报系统界面

点击"确定"按钮，即可进入路径选择界面（见图5-61）。

图5-61　路径选择界面

再点击"确定"按钮，即可将生成的汇总申报数据存盘在相应的路径中。

（二）打印报表

进入"退税向导"第十一步"免抵退税正式申报"→"打印申报报表"，具体如图
5-62所示。

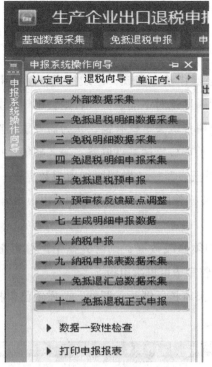

图5-62 申报系统界面

点击"打印预览"按钮，用户可选择输出纸张大小，具体如图5-63所示。

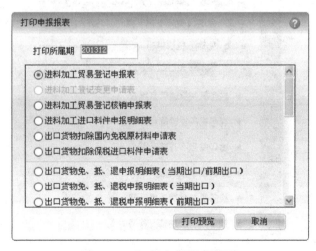

图5-63 打印申报报表界面

点击"打印"按钮，可以选择A4或B4纸张进行打印，或者点击"导出"按钮，将系统报表以不同形式导出。导出Excel后，自动在系统内形成Excel打印预览界面打印，其他形式可导出储存。

至此，免抵退正式申报操作基本完成，但须注意，退税申报系统"向导"中第七、八、九、十、十一步的执行顺序绝对不能颠倒，否则会出错。如果确实是步骤颠倒导致出错或企业已正式申报，但经税务机关审核有错，认为需要重新申报调整时，企业可以依次在"向导"中选择"第六步预审核反馈疑点调整"→"撤销已申报数据"→"撤销明细申报数据"→"删除汇总申报报表"→"撤销明细申报数据"→"修改有关错误"，再从"向导第七步"开始一步一步操作即可。下面介绍撤销申报报表的步骤。

1. 撤销申报总表数据

生成汇总申报数据后如须修改数据，则可先撤销汇总申报数据，再撤销明细申报数据，然后进行数据调整，调整完毕可再次申报。

点击退税向导第六步"预审核反馈疑点调整"，撤销已申报数据，选择"申报汇总表数据"，具体如图5-64所示。

图5-64 系统界面

2. 撤销申报明细表数据

撤销汇总申报数据后，再撤销明细申报数据，然后进行数据调整。

点击退税向导第六步，"预审核反馈疑点调整"→"撤销已申报数据"，选择"申报明细表数据"，具体如图5-65所示。

图5-65 系统界面

第三节 出口退税申报系统之进料加工业务操作

根据《国家税务总局关于〈出口货物劳务增值税和消费税管理办法〉有关问题的公告》（国家税务总局公告2013年第12号）文件，从事进料加工业务的生产企业应在每年4月20日前向主管税务机关申请办理进料加工业务核销手续。年度进料加工业务核销的主要内容有：对上年度海关已核销的手（账）册按实际发生情况确认实际分配率，重新计算两个抵减额，产生的调整额结转下期参与免抵退税计算。

要点01：办理时限

每年4月20日前。

要点02：提交的资料

（1）"生产企业进料加工业务免抵退税核销申报表"（12号公告附件4）及电子数据。

（2）税务机关要求的其他资料。

要点03：办理流程

（一）核销申报

在规定的期限前向主管税务机关报送"生产企业进料加工业务免抵退税核销申报表"及电子数据。主管税务机关受理后会生成"进料加工手（账）册实际分配率反馈表"。

（二）确认实际分配率

对主管税务机关反馈的"进料加工手（账）册实际分配率反馈表"中的实际分配率进行确认。

1. 确认相符的

在该表上填写确认意见并加盖公章交回主管税务机关，税务机关则按照确认的实际分配率生成"生产企业进料加工业务免抵退税核销表"（12号公告附件7）交企业，企业在次月免抵退税申报时根据"生产企业进料加工业务免抵退税核销表"调整前期免抵退税额及不得免征和抵扣税额。

2. 确认不相符的

核对主管税务机关反馈的手（账）册核销数据以及进、出口货物报关单数据，根据数据缺失或不一致的情况，通过出口退税申报系统填报"已核销手（账）册海关数据调整报告表（进口报关单/出口报关单）"，将电子数据和相关表格再报送主管税务机关。主管税务机关受理后会重新生成"进料加工手（账）册实际分配率反馈表"，再反馈给企业重新确认。

生产企业进料加工业务免抵退税核销流程如图5-66所示。

（三）录入的条件

自2014年起，企业应在本年度4月20日前，向主管税务机关报送"生产企业进料加工业务免抵退核销申报表"及电子数据，申请办理上年度海关已核销的进料加工手（账）册项下的进料加工业务核销手续。

有进料加工纸质手册的企业，还需要提供加盖企业公章的海关进料加工手册备案表复印件、海关签发的《加工贸易结案通知书》，以及应调减免税进口料件的相关进出口报关单复印件。

上年度无手册核销的不用报送，但应提供书面说明。

进料加工手（账）册下出口货物免抵退税申报有单证不齐的，应收齐单证或由免抵退申报改为免税、征税申报后，才能进行该手（账）册的核销申报。

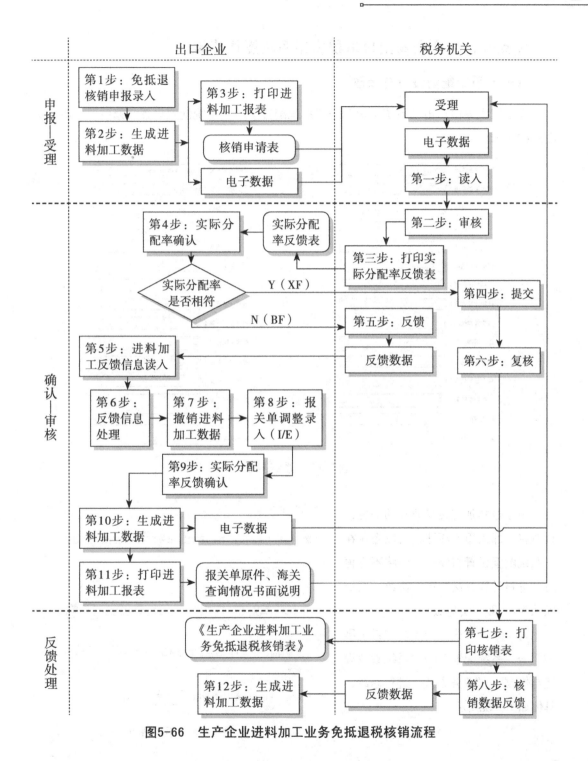

图5-66　生产企业进料加工业务免抵退税核销流程

要点04：生产企业出口退税申报系统操作步骤

（一）系统配置设置与修改

在系统主界面点击"系统维护"→"系统配置"→"系统配置设置与修改"，具体如图5-67所示。

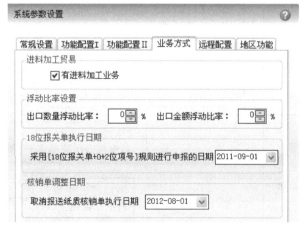

图5-67　系统界面

由于进料加工贸易业务的变更，企业将全部采用实耗法，所以企业在"系统配置设置与修改"中将不可再对"进料计算方法"进行修改，系统默认为1，即"实耗法"。

对于业务方式，则点击"系统维护"→"系统配置"→"系统参数设置与修改"→"业务方式"进行修改，具体如图5-68所示。

图5-68　系统界面

（二）具体操作步骤

第一步：免抵退核销申报录入。

（1）点击"出口退税申报系统操作向导"→"进料向导"→"进料加工数据采集"→"免抵退核销申报录入"（见图5-69），进入数据采集界面。

（2）点击界面上方的"增加"按钮，开始录入采集。录入完毕后点击"保存"按钮，具体如图5-70所示。

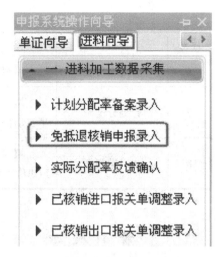

图5-69　系统界面

图5-70　系统界面

免抵退核销申报表具体填表说明如表5-7所示。

表5-7　免抵退核销申报表具体填表说明

序号	栏目	填写说明
1	所属期	4位年份+2位月份，如：201407
2	序号	4位流水号，如：0001、0002…
3	手（账）册号	海关进料加工登记手册、账册编号
4	报核起始时间	填写本次申请核销的电子账册最早的报核周期起始时间
5	海关核销时间	电子手册或纸质手册填写海关结案日期；电子账册填写本次申请核销的最晚报核周期的截止时间

（续表）

序号	栏目	填写说明
6	分配率年度	填写录入手册对应的计划分配率的备案年度
7	计划分配率	填写上年度计划分配率（根据申报系统内已经备案的计划分配率自动得出）
8	出口销售额	填写企业使用计划分配率计算免抵退税的进料加工出口货物的FOB价（系统自动得出）

特别提示

（1）进料加工业务免抵退税核销申报应在每年度的4月20日前申报，即在所属期每年的12月、1月、2月、3月进行申报，填录的"所属期"应按此规则录入。

（2）录入的手（账）册号应为上一年度海关已核销的进料加工手（账）册号，有多个手（账）册号的应分别录入多条记录。

（3）进料加工业务免抵退税核销申报，应在相同所属期的免抵退税申报完毕后方可申报。例如，录入所属期为201312的进料加工业务免抵退税核销申报，则应在所属期201312的免抵退税申报完毕后方可向税务机关申报。

（4）为使录入的数据与税务机关的数据一致，录入前应向主管税务机关申请反馈全部审核数据并导入出口退税申报系统后，再开始录入核销申报。

第二步：生成进料加工数据。

点击"出口退税申报系统操作向导"→"进料向导"→"生成进料加工申报"→"生成进料加工数据"（见图5-71）。

在弹出的对话框中确定申报所属期后，进入生成数据操作界面（见图5-72）。

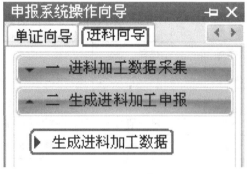

图5-71　系统界面

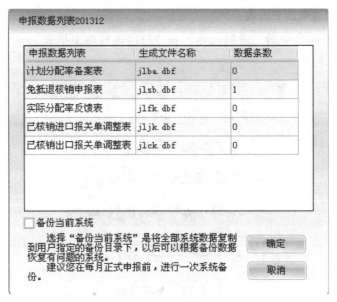

图5-72 系统界面

选择数据保存路径，点击"确定"按钮，出现如下提示（见图5-73），申报数据生成完毕。

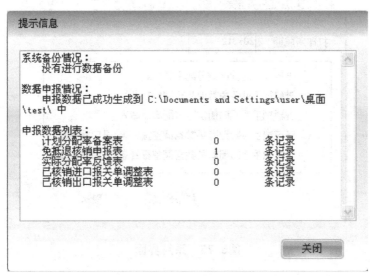

图5-73 系统界面

第三步：打印进料加工报表。

点击出口退税向导中的"进料向导"→"打印进料加工报表"→"打印进料加工报表"，具体如图5-74所示。

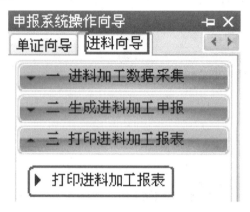

图5-74 系统界面

在弹出的对话框中选中"进料加工业务免抵退税核销申报表"（如图5-75所示），然后点击"打印预览"按钮。

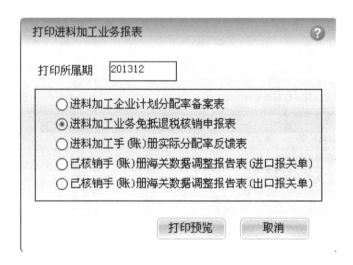

图5-75 系统界面

在打印预览页面中，点击页面上方的打印图标，即可打印出如表5-8所示的申报表。

表5-8 生产企业进料加工业务免抵退税核销申报表

海关企业代码：
纳税人名称：（公章）
纳税人识别号：

单位：元、角、分

序号	上年度已核销手（账）册号	海关核销时间	按照上上年度计划分配率申报免抵退税		按照上年度计划分配率申报免抵退税		上年度非免抵退税货物销售额					备注
			计划分配率	申报免抵退税货物出口销售额	计划分配率	申报免抵退税货物出口销售额	合计	结转至其他手（账）册产品	其他不退税手册易出口产品	取消出口退税产品	其他	
1	2	3	4	5	6	7	8	9	10	11	12	13
合计												

出口企业

郑重声明以上申报无误并愿意承担一切法律责任。

经办人：

财务负责人：

法定代表人：

税务机关

受理人：

年 月 日

填表说明：
1. "按照上上年度计划分配率申报免抵退税"指出口企业在上年度税务机关核销前，以上上年度的计划分配率申报免抵退税。其中第4栏"计划分配率"填写上上年度的计划分配率；第5栏"申报免抵退税货物出口销售额"指出口企业按照上上年度的计划分配率进行进料加工核销前，申报免抵退税出口货物的FOB价。
2. "按照上年度计划分配率申报免抵退税"指出口企业按照上年度税务机关核销后，以上年度的计划分配率申报免抵退税。其中第6栏"计划分配率"填写上年度的计划分配率；第7栏"申报免抵退税货物出口销售额"指出口企业按照上年度计划分配率申报免抵退税出口货物的FOB价。
3. 第9栏"结转至其他手（账）册产品"指生产的产品未直接出口，而是在海关保税监管下，转至其他手（账）册的产品（出口贸易方式为0654）销售额。
4. 第10栏"其他不退税手册易出口产品"指生产的产品未直接出口，或出口的产品未退税为不退税出口货物贸易方式为0642、出口贸易方式为0744、出口贸易方式为0400、出口贸易方式为0444）销售额。
5. 第11栏"取消出口退税产品"指属于取消出口退（免）税产品的销售额。
6. 第12栏"其他"指生产的产品因发生损失等没有出口，或虽已出口但未经主管税务机关审核通过，或属于出口免税的产品销售额。

特别提示

　　企业相关经办人、财务负责人和法定代表人须在打印出来的纸质报表上签章，并加盖企业公章。

　　企业持有进料加工电子数据、出口退税申报系统"进料加工业务免抵退税核销申报表"以及税务机关要求的其他资料向主管税务机关申请办理进料加工核销手续。

　　第四步：实际分配率确认。

　　企业进行进料加工业务免抵退税核销申报后，税务机关通过出口退税审核系统计算生成、打印"进料加工手（账）册实际分配率反馈表"交企业确认。

　　对主管税务机关"进料加工手（账）册实际分配率反馈表"中的实际分配率（第7列）进行核对，并直接在该纸质表上的"企业确认意见"栏（第8列）填写意见（相符的填写"XF"；不符的填写"BF"）。本步骤无须在申报系统操作。

　　对在"企业确认意见"栏（第8列）中填写意见为"XF"的，本阶段余下步骤（第五步至第十一步）无须操作，直接跳至第十二步。

　　第五步：进料加工反馈信息读入。

　　对实际分配率确认为不符（BF）的，企业必须向主管税务机关申请进料加工反馈信息（包括实际分配率反馈数据、海关联网监管加工贸易电子数据中的进料加工"电子账册（电子化手册）核销数据"以及进、出口货物报关单数据），并读入出口退税申报系统进行处理。

　　（1）实际分配率反馈数据的读入

　　点击出口退税向导中的"进料向导"→"进料加工反馈接收"→"税务机关反馈信息读入"，具体如图5-76所示。

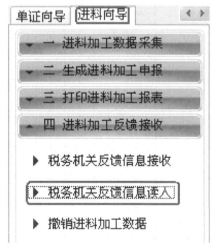

图5-76　系统界面

（2）加工贸易核销反馈数据的读入

点击"出口退税申报系统"→"反馈信息处理"→"税务机关反馈信息读入"，具体如图5-77所示。

第六步：反馈信息处理。

本步只在上一步中有"加工贸易核销反馈数据的读入"操作后才需使用。若上一步只有"实际分配率反馈数据的读入"，则可跳过此步进行下一步。

点击"出口退税申报系统"→"反馈信息处理"→"税务机关反馈信息处理"（如图5-78所示），系统则用反馈信息更新原申报数据。

反馈信息处理	综合数据查询
税务机关反馈信息接收	
税务机关反馈信息读入	
预审反馈信息查询	▶
资格认定反馈信息查询	▶
货物劳务反馈信息查询	▶
收汇情况反馈信息查询	▶
进料加工反馈信息查询	▶
零税率反馈信息查询	▶
其他业务反馈信息查询	▶
汇总反馈信息查询	▶
税务机关反馈信息处理	
单证申报预审信息接收	
单证申报预审信息读入	
单证申报预审信息查询	

图5-77　系统界面

反馈信息处理	综合数据查询
税务机关反馈信息接收	
税务机关反馈信息读入	
预审反馈信息查询	▶
资格认定反馈信息查询	▶
货物劳务反馈信息查询	▶
收汇情况反馈信息查询	▶
进料加工反馈信息查询	▶
零税率反馈信息查询	▶
其他业务反馈信息查询	▶
汇总反馈信息查询	▶
税务机关反馈信息处理	
单证申报预审信息接收	
单证申报预审信息读入	
单证申报预审信息查询	

图5-78　系统界面

经过上述第五、六步操作后，用户可在"出口退税申报系统操作向导"→"进料向导"→"进料加工反馈查询"下的菜单中，查询从税务机关反馈的数据，具体如图5-79所示。

第七步：撤销进料加工数据。

点击"申报系统操作向导"→"进料向导"→"进料加工反馈接收"→"撤销进料加工数据"，具体如图5-80所示。

图5-79　系统界面

图5-80　系统界面

出现如图5-81所示提示框，点击"确定"按钮。

您确实要撤销下列已申报数据吗？		
所属期：201312		
	数据列表	数据条数
1	进料加工业务免抵退税核销申报表	1　条
2	进料加工手账册实际分配率反馈表	1　条

图5-81　系统界面

第八步：报关单调整录入（I/E）。

当对税务机关计得的实际分配率确认不符时，在核对税务机关反馈信息中的进料加工电子账册（电子化手册）核销数据以及进、出口货物报关单数据后，发现有缺失数据或数据不一致的情况下，通过此步骤录入这些缺失或不一致的进、出口报关单数据，作为补充调整数据用以报送税务机关据以重新计算实际分配率。

点击"出口退税申报系统操作向导"→"进料向导"→"进料加工数据采集"→"已核销进口报关单调整录入/已核销出口报关单调整录入"，具体如图5-82所示。

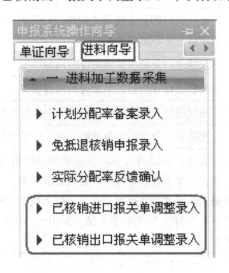

图5-82 系统界面

进入录入界面后，点击"增加"按钮，逐笔录入。

具体录入说明如下。

（1）进口报关单调整录入的数据项

进口报关单调整录入的数据项说明如表5-9所示。

表5-9 进口报关单调整录入的数据项说明

序号	栏目	填写说明
1	所属期	4位年份+2位月份，如：201407
2	序号	4位流水号，如：0001、0002…

（续表）

序号	栏目	填写说明
3	手（账）册号	海关进料加工登记手册、账册编号
4	进口日期	进口报关单的进口日期
5	申报日期	进口报关单的申报日期
6	进口报关单号	自营进口的企业按照《进口货物报关单》上的海关编号+0+项号填写，委托进口企业不填此栏
7	代理进口证明	委托进口的企业按照《代理进口货物证明》的编号+2位项号填写，自营进口企业不填写此栏
8	料件商品代码	按照进口货物报关单相应的内容填写
9	料件名称	按照进口货物报关单相应的内容填写
10	计量单位	按照进口货物报关单列明的第一计量单位和数量填写
11	数量	按照进口货物报关单列明的第一计量单位和数量填写
12	美元到岸价	到岸价格以进口货物报关单的到岸价为准，若以其他价格条件成交的，应加上按会计制度规定允许的运费、保险费、佣金等。若进口货物报关单不能如实反映到岸价，税务机关有权按照《中华人民共和国税收征收管理法》《中华人民共和国增值税暂行条例》等有关规定予以核定
13	贸易方式代码	按照进口货物报关单相应的内容填写
14	报关海关代码	按照进口货物报关单相应的内容填写

（2）出口报关单调整录入的数据项

出口报关单调整录入的数据项说明如表5-10所示。

表5-10　出口报关单调整录入的数据项说明

序号	栏目	填写说明
1	进口日期	进口报关单的进口日期
2	申报日期	进口报关单的申报日期
3	出口报关单号	自营进口的企业按照《出口货物报关单》上的海关编号+0+项号填写，委托出口企业不填此栏

（续表）

4	代理出口证明	委托出口的企业按照《代理出口货物证明》的编号+2位项号填写，自营进口企业不填写此栏
5	出口商品代码	按照出口货物报关单相应的内容填写
6	出口商品名称	按照出口货物报关单相应的内容填写
7	美元销售额	出口发票上列明的美元离岸价，若以其他价格条件成交的，应按会计制度规定扣除运保费、佣金；若为其他外币成交的折算成美元离岸价填列
8	人民币销售额	美元离岸价与在税务机关备案的汇率折算的人民币离岸价
9	报关海关代码	按照出口货物报关单相应的内容填写

第九步：实际分配率反馈确认。

进行本步骤的目的是使系统能够依据上一步骤（第八步）所录入的进、出口报关单调整数据对税务机关实际分配率反馈数据进行更新。

点击"申报系统操作向导"→"进料向导"→"进料加工数据采集"→"实际分配率反馈确认"，具体如图5-83所示。

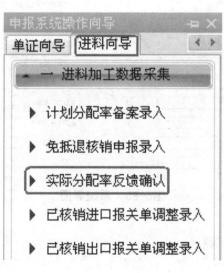

图5-83　系统界面

进入界面后，点击上方的"确认意见"按钮，出现如图5-84所示提示框，点击"确认"按钮即可。

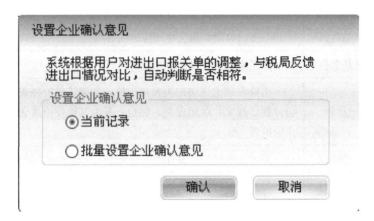

图5-84　系统界面

系统自动根据进、出口报关单调整数据与税务机关反馈数据进行比对，并自动更新"企业确认意见栏"的意见，具体如图5-85所示。

所属期:	201312		序号:	0001	
手(账)册号:	C52082450183		税核销时间:	2013-12-11	
税进口关单数:			税进口美元额:		
税出口关单数:			税出口美元额:		
税实际分配率:			企业确认意见:	BF	
企核销时间:			企进口关单数:	1	
企进口美元额:			企出口关单数:	1	
企出口美元额:			企实际分配率:		
备注:			申报标志:		
审核标志:					

图5-85　系统界面

第十步：生成进料加工数据。

本步骤与第二步在操作上一致，区别在于本步骤生成的数据比第二步增加了"实际分配率反馈表""已核销进口报关单调整表"和"已核销出口报关单调整表"数据，具体如图5-86所示。

162

图5-86 系统界面

第十一步：打印进料加工报表。

本步骤与第三步在操作上一致，区别在于本步骤应打印的是"进料加工手（账）册实际分配率反馈表"（见表5-11）、"已核销手（账）册海关数据调整报告表（出口报关单）"（见表5-12）和"已核销手（账）册海关数据调整报告表（进口报关单）"（见表5-13），具体如图5-87所示。

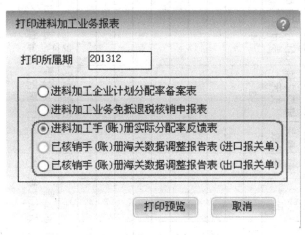

图5-87 系统界面

表5-11　进料加工手（账）册实际分配率反馈表

企业海关代码：
纳税人名称：
纳税人识别号：

序号	申报核销手（账）册号	税务机关根据海关联网监管加工贸易电子数据计算填列					企业确认意见（实际分配率是否与实际进出口情况相符）	企业根据本企业实际进出口情况填列〔确认意见为（不符时填列）〕				实际分配	备注
		进口报关单份数	进口总值（美元）	出口报关单份数	出口总值（美元）	实际分配率		进口报关单份数	进口总值（美元）	出口报关单份数	出口总值（美元）		
栏次	1	2	3	4	5	6	7	8	9	10	11	12	13
1													
2													
3													
4													
5													
6													
7													
8													
合计													

主管税务机关

进料加工手（账）册的实际分配率涉及进料加工业务核销计算，请认真核对实际进出口情况，准确填列。

经办人：
复核人：
负责人：（公章）

年　　月　　日

出口企业

我企业已对以上所列进料加工手（账）册实际进出口情况进行认真核对，所填报的确认意见（第7栏）及其他填列内容准确无误，愿承担一切法律责任。

经办人：
财务负责人：
法人代表：（公章）

年　　月　　日

表5-12 已核销手（账）册海关数据调整报告表（出口报关单）

海关企业代码：

纳税人名称：（公章）

纳税人识别号：

所属期：　　年　　月

序号	进料加工手（账）册号	出口货物报关单号	出口日期	代理出口货物证明号	出口商品代码	出口商品名称	计量单位	出口数量	报关海关代码	报关海关名称	出口销售额		征税率	退税率	备注
											美元	人民币			
1	2	3	4	5	6	7	8	9	10	11	12	13	14	15	16

兹声明以上申报无讹并愿意承担一切法律责任。

经办人：

财务负责人：

法律代表人（负责人）：

　　年　　月　　日

表5-13 已核销手（账）册海关数据调整报告表（进口报关单）

海关企业代码：
纳税人名称：（公章）
纳税人识别号：

所属期： 年 月

金额单位：元至角分

序号	进料加工手（账）册号	进口货物报关单号	贸易方式代码	代理进口货物证明号	料件商品代码	料件名称	计量单位	数量	报关海关代码	报关海关名称	免税进口料件组成计税价格				备注
											到岸价格		海关实征关税和消费税	合计	
											美元	人民币			
1	2	3	4	5	6	7	8	9	10	11	12	13	14	15＝13+14	16

兹声明以上申报无讹并愿意承担一切法律责任。

经办人： 财务负责人： 法律代表人（负责人）：

年 月 日

申报企业应持生成的进料加工数据、打印制作出来的"进料加工手（账）册实际分配率反馈表""已核销手（账）册海关数据调整报告表（进口报关单）"和"已核销手（账）册海关数据调整报告表（出口报关单）"、相关报关单原件、向海关查询情况书面说明，以及税务机关要求的其他资料向主管税务机关再次申请办理进料加工核销手续。

再次申报后，企业若对主管税务机关重新计算出来的"进料加工手（账）册实际分配率反馈表"上的实际分配率仍确认不符，则重复上述第五步至第十一步操作，直至确认相符为止。

第十二步：反馈信息读入。

主管税务机关对进料加工核销申报进行审核、复核完毕后，通过出口退税审核系统生成、打印"生产企业进料加工业务免抵退税核销表"发放给企业，同时将核销完成后的反馈数据提供给申报企业。企业应将主管税务机关提供的反馈信息读入出口退税申报系统，利用更新数据参与计算次月的免抵退税申报时调整前期免抵退税额及不得免征和抵扣税额。

本步骤在操作上同第五步"进料加工反馈信息读入"的操作。

第十三步：反馈信息处理。

本步骤在操作上同第六步"反馈信息处理"的操作。

附录：参与计算实际分配率的贸易性质

税局端审核系统按照下表参与计算实际分配率的贸易性质，根据其"计算属性"参数参与实际分配率的分子、分母运算。

0：不参与计算。

1：分子。

2：分母。

3：分子加项。

4：分子减项。

5：分母加项。

6：分母减项。

贸易性质码	贸易性质名称	进出口标志	贸易性质全称	计算属性	料件呈批
0200	料件放弃	I	主动放弃交由海关处理的来料或进料加工料件	4	料件

（续）

（续表）

贸易性质码	贸易性质名称	进出口标志	贸易性质全称	计算属性	料件呈批
0615	进料对口	E	进料加工（对口合同）	2	成品
0615	进料对口	I	进料加工（对口合同）	1	料件
0644	进料料件内销	I	进料加工料件转内销	4	料件
0654	进料深加工	E	进料深加工结转货物	2	成品
0654	进料深加工	I	进料深加工结转货物	1	料件
0657	进料余料结转	E	进料加工余料结转	4	料件
0657	进料余料结转	I	进料加工余料结转	1	料件
0664	进料料件复出	E	进料加工复运出境的原进口料件	4	料件
0700	进料料件退换	E	进料加工料件退换	4	料件
0700	进料料件退换	I	进料加工料件退换	1	料件
0715	进料非对口	E	进料加工（非对口合同）	2	成品
0715	进料非对口	I	进料加工（非对口合同）	1	料件
0844	进料边角料内销	I	进料加工项下边角料转内销	4	料件
0864	进料边角料复出	E	进料加工项下边角料复出口	4	料件
1215	保税工厂	E	保税工厂	2	成品
1215	保税工厂	I	保税工厂	1	料件
4600	进料成品退运	E	进料成品退运	2	成品
4600	进料成品退运	I	进料成品退运	6	成品

○ **相关链接** ○

海关特殊监管区域出口退税管理

海关特殊监管区域是海关对仓储保管进口或出口货物进行特殊监管的区域，一般包括保税区、出口加工区、保税物流中心（B型）、出口加工区拓展保税物流功能、保税物流园区、出口监管仓、综合保税区以及海关保税仓库。

在税收方面，可以将这些海关特殊监管区域分成两大类。一类是货物进入该区域即作为出口，能取得报关单出口退税专用联（出口退税的主要凭证），如出口加工区、保税物流园区等，以下简称"物流园区"。在这类区域注册成立的法人企业，通常被称为境内"关外企业"；国内企业与"关外企业"之间订立的货物销售合同，在税收上视同出口销售合同。

另一类是货物进入该区域后不作为出口，不能取得报关单出口退税专用联，如保税区等。在这类区域注册成立的法人企业，在税务上与其他国内企业没有区别，国内企业与这些企业之间订立的货物销售合同，即为国内销售合同。

第六章　生产企业出口退税凭证管理

....

　　出口企业应在货物报关出口并在财务上做销售处理后，按月填报"出口货物退（免）税申报表"，并提供办理出口退税的有关凭证，先报外经贸主管部门稽核签章后，再报主管出口退税的税务机关申请退税。

....

第一节　退（免）税原始凭证

要点01：增值税专用发票（抵扣联）

　　企业在购买商品时，应取得供货方开具的增值税专用发票的发票联和抵扣联，发票联作入账处理，抵扣联作为进项抵扣凭证。

（一）取得发票的要求

企业在取得发票时应注意以下事项。

1. 印章齐全

专用发票必须套印国家税务总局全国统一发票监制章；必须加盖供货单位的发票专用章；如属于供货单位的主管税务机关代开的，还须加盖税务机关代开发票专用章。

2. 格式规范

发票内容真实、无错漏；金额栏和税额栏均不得超格或超位（额）；不得涂改；发票上注明附有清单的必须取得清单，并要核对清单与发票的对应项目是否一致，发票开票人、收款人或复核人必须有2人以上（包括2人）签名或签章。

（二）增值税专用发票的认证

企业取得增值税专用发票，必须自该专用发票开具之日起180日内对其进行认证。

进项税额已计算抵扣的增值税专用发票，不得在申报退（免）税时提供。

专用发票认证是指税务机关通过防伪税控系统对专用发票所列数据进行识别、确认的过程。

1. 认证的内容

专用发票认证系统对发票密码区的密码进行解密，还原为以下构成发票内容的七要素。

（1）发票代码。

（2）发票号码。

（3）开票日期。

（4）销方纳税人识别号。

（5）购方纳税人识别号。

（6）开票金额。

（7）税额。

并将解译信息与明文进行比对。

2. 网上认证

目前企业多数采用网上认证方式。网上认证是指由纳税人通过扫描方法将专用发票抵扣联的主要信息（包括开票日期、发票代码、发票号码、购销双方的税务登记号、金额、税额等，在一定的安全机制下加密后通过互联网传输到国税机关，经国税机关的防伪税控认证子系统对84位密文解密还原，再与发票电子表数据中的明文相应内容进行自动对比，产生认证结果，并将认证结果回传给纳税人的一种认证方法。

网上认证的操作流程如下。

（1）双击认证软件图标，启动网上认证软件。

（2）点击"自动扫描"录入方式。

（3）认证发送。对录入的发票检查无误后，点击认证软件中的"认证发送"按钮，将发票信息发送到税务机关。

（4）认证反馈。进行认证发送后，点击"认证反馈"按钮，获取发票的认证结果。

3．对专用发票认证中一些问题的处理

（1）对专用发票抵扣联无法认证的处理

对专用发票抵扣联无法认证的，可使用专用发票发票联到主管税务机关认证。专用发票发票联复印件留存备查。

（2）经认证须重开专用发票的情形

发票经认证有下列情形之一的，不得作为增值税进项税额的抵扣凭证，税务机关退还原件，购买方可要求销售方重新开具专用发票。

①无法认证的发票。无法认证是指专用发票所列密文或者明文不能辨认，无法产生认证结果。

②纳税人识别号认证不符的发票。纳税人识别号认证不符是指专用发票所列购买方纳税人识别号有误。

③专用发票代码、号码认证不符的发票。专用发票代码、号码认证不符是指专用发票所列密文解译后与明文的代码或者号码不一致。

（3）经认证须扣留原件分别处理的情形

发票经认证有下列情形之一的，暂不得作为增值税进项税额的抵扣凭证，税务机关会扣留原件，查明原因，分别情况进行处理。

①重复认证，是指对已经认证相符的同一张专用发票再次进行认证。

②密文有误，是指专用发票所列密文无法解译。

③认证不符，是指纳税人识别号有误，或者专用发票所列密文解译后与明文不一致。这里的纳税人识别号有误是指发票所列纳税人识别号是正确的，而被解密的纳税人识别号与明文不符。

④列为失控的专用发票，是指认证时的专用发票已被登记为失控专用发票。

（三）对丢失增值税专用发票的处理

出口企业和其他单位丢失增值税专用发票的发票联和抵扣联的，经认证相符后，可凭增值税专用发票记账联复印件及销售方所在地主管税务机关出具的丢失增值税专用发票已报税证明单，向主管税务机关申报退（免）税。

特别提示

出口企业和其他单位丢失增值税专用发票抵扣联的，在增值税专用发票认证相符后，可凭增值税专用发票的发票联复印件向主管出口退税的税务机关申报退（免）税。

要点02：出口货物报关单

出口企业应在货物报关出口后及时在"中国电子口岸出口退税子系统"中进行报关单确认操作。及时查询出口货物报关单电子信息，对于无出口货物报关单电子信息的，应及时向中国电子口岸或主管税务机关反映。

出口货物办理海关通关手续并结关后，经海关审核，对于符合条件的予以签发出口退税证明联（通称"黄单"），加盖海关验讫章交由报关员，同时通过电子口岸执法系统自动向国家外汇管理部门和国家税务机构发送证明联电子数据。

货物报关出口后，出口企业应及时登录"口岸电子执法系统"出口退税子系统，核查并准确地确认和提交出口货物报关单"证明联"电子数据。

（1）出口企业需要安装中国电子口岸配发光盘中的相应软件。

（2）通过中国电子口岸网即可打开电子口岸系统主页，然后进行相关操作。

要点03：出口发票

出口企业办理退（免）税认定后，在货物出口之前，须到主管征税机关领购出口商品发票。不管国外客户或转厂客户是否需要发票，都必须根据出口货物的实际成交情况如实填写。

（一）出口发票的开票流程

出口发票的开票流程如图6-1所示。

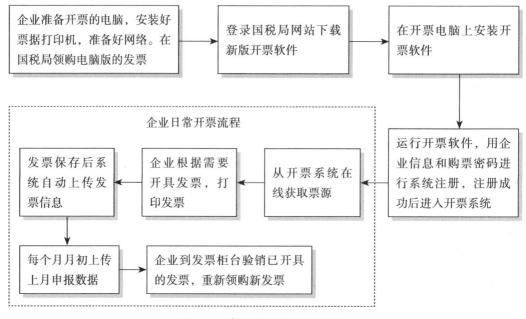

图6-1　出口发票的开票流程

（二）出口发票的内容

出口发票的内容如下。

（1）开票日期：为出口收入确认的当月。

（2）贸易方式：参照出口报关单填写，一般分为"一般贸易""进料对口""进料深加工"等。

（3）收汇方式：按购销合同结算方式填写，常见的有"电汇""票汇""信用证"等。

（4）信用证号：如收汇方式为信用证的，则根据收到的信用证来填写；否则为空。

（5）当期汇率：按当月第一个工作日中间价的汇率填写。

（6）商品出口具体内容：可参照企业出口报关单（企业留存联）填写。

（7）销售数量、单价填写完成后系统自动计算销售额，离岸价由企业根据实际情况自行填写。外币内容及小写符号由相关人员自行录入，外币及人民币大小写金额由系统自动计算。

（8）在普通发票开票系统开具出口发票的次月15日前，须对已开具的发票进行月申报处理；否则可能因"开票软件已被锁住开票功能"而无法开票。

要点04：海关进口增值税专用缴款书

（一）申请稽核比对

海关进口增值税专用缴款书（以下简称海关缴款书）实行"先比对后抵扣"管理办法，企业应在开具之日起180日内先通过电子申报软件录入数据，向主管税务机关申请稽核比对，取得比对相符信息的数据后才能申报抵扣。

（二）稽核比对的操作流程

（1）登录"网上电子申报"系统。

（2）点击工具栏中的"海关缴款书"按钮，选择"缴款书管理"。

（3）缴款书的采集，可采用手动录入或批量导入两种方式进行。

（4）缴款书上传。在要上传的海关缴款书前面的方框内打勾，将比对数据上传到服务器。纳税人每月可将不同的采集缴款书信息多次向主管税务机关进行报送。上传的截止期为每月的最后一天，建议最好能提前上传，以防在月末因系统拥堵、无法上传而影响下月正常抵扣。

（5）查询比对结果。纳税人将数据上传至总局稽核系统进行比对（总局比对三要素：缴款书号码、税款金额、填发日期），原则上于次日生成稽核比对结果，此时纳税人可登录所在地"国家税务局网上办税服务厅"，在"海关稽核结果明细查询"中进行查询。

特别提示

在每次获取比对结果后的三个小时内，企业一般不会再次重新获取比对结果，电脑此时仅显示上次查询的记录。

（6）下载和确认稽核结果通知书。纳税人在次月申报期内必须下载和确认（包括手工确认和稽核系统自动确认）稽核结果通知书，且每月只能进行1次。

（7）打印通知书。

（三）稽核异常的处理

对稽核异常（稽核结果为不符、缺联、重号、滞留）的海关缴款书信息，纳税人可以海关缴款书原件为依据，逐份核对，并根据错误原因进行以下处理。

1. 不符、缺联

对于稽核比对结果为不符、缺联的海关缴款书，企业可在产生稽核结果的180日内进行如下处理：对属于信息采集错误的，可通过登录"网上电子申报系统"重新采集（采集要求同上），并报送主管税务机关再次稽核比对，例如纳税人7月25日采集的缴款书信息，次日返回的比对结果为"不符"或"缺联"，经查发现系"缴款书号码、税款金额、填发日期"录错，企业可以及时按正确的信息重新采集并上传；如经总局再次比对相符的，可在8月申报期内按规定申请抵扣，对逾期申报企业的进项税额将不予抵扣。

对不属于数据采集错误的，企业可向主管税务机关申请数据核对，主管税务机关根据稽核比对结果进行处理。对经核对相符的，主管税务机关将相符信息通知纳税人，纳税人应在次月申报期内申请抵扣；对逾期申报企业的进项税额将不予抵扣。

2. 重号

对于稽核比对结果为重号的海关缴款书，企业不必进行任何处理，由主管税务机关会同对方税务机关或海关组织进行核查，主管税务机关根据核查结果进行处理。对经核对相符的，主管税务机关将相符信息通知纳税人，纳税人应在次月申报期内申请抵扣；对逾期申报企业的进项税额将不予抵扣。

3. 滞留

稽核比对结果为滞留的海关缴款书，将继续参与稽核比对，企业不能申请数据核对。

滞留是指纳税人申请稽核的海关缴款书，在规定的稽核期内系统中暂无相对应的海关已核销海关缴款书号码，留待下期继续比对。一般每个月为一个稽核期。在海关缴款书开具当月申请稽核的，稽核期为申请稽核的当月、次月及第三个月。

例：纳税人取得7月25日开具的海关缴款书，在当月采集并上传。7月、8月为正常的滞留期，到9月底前一直未找到对应的海关已核销海关缴款书号码，9月30日系统将比对结果由"滞留"转为"缺联"。

纳税人取得3月25日开具的海关缴款书（在180天内），在7月25日采集并上传，如未找到对应的海关已核销海关缴款书号码，8月1日返回的比对结果就为"缺联"。

（四）注意事项

为保证能及时抵扣，企业必须做好以下工作。

（1）守法经营，取得真实的海关进口增值税专用缴款书。

（2）及时缴纳进口增值税税款。

（3）在开具之日起180天内申请抵扣，因为逾期（超过180天）未申请稽核比对的海关缴款书不能抵扣进项税额。

（4）在每月月底前，运用总局免费下发的通用采集软件，正确、完整、及时地录入数据，生成《海关完税凭证抵扣清单》（电子数据），通过办税大厅或网上申报的方式向主管税务机关报送。

（5）及时查询比对结果，对产生比对异常的数据信息，在下一个申报期前及时采取重采、修改核对或申请核查措施进行修正。

（6）在下一申报期内通过办税大厅或网上申报方式，及时取得稽核比对结果，按稽核比对结果中的相符数据，在当月纳税申报期内申报抵扣税款。比对异常数据不得抵扣税款；当月纳税申报期内不申报抵扣的相符数据，逾期的其进项税额不予抵扣。

要点05：出口货物退（免）税备案单证

（一）备案单证管理的时限

出口企业应在申报出口退（免）税后15日内，将所申报退（免）税货物的下列单证，按申报退（免）税的出口货物顺序，填写"出口货物备案单证目录"（见表6-1），注明备案单证存放地点，以备主管税务机关核查。

表6-1　出口货物备案单证目录

序号	出口货物报关单号	购货合同（进料加工合同）	出口货物明细单	出口货物装货单	出口货物运输单据	备案日期	备注

（续表）

> 填表说明：
>
> 1. 出口企业按每个申报退税册号备案相应的单证；
>
> 2. "报关单号"填每册出口退税申报的关联号前8位；
>
> 3. "购货合同"栏填写合同号码，如属同一合同的，在余下备案的购货合同栏上注明"同上"即可；购货合同的纸质资料只需在首次备案时存放；
>
> 4. "出口货物明细单""出口货物装货单""出口货物运输单据"等栏填写相应单证的份数并注明是原件还是复印件，例如，有原件1份即填"原1"；若缺少对应单证，则该单证栏不填，但应在备案资料中补充文字说明以备日后检查；
>
> 5. "备案日期"栏填写到"年、月、日"；
>
> 6. "备注"主要用于填购货合同第一次备案存放的月份。

制表人（签字）：　　　　　　　　　　　　财务负责人（签字）：

制表日期：　　　年　　月　　日　　　　　（企业公章）

（二）备案单证的内容

出口企业备案单证的主要内容如下。

（1）生产企业收购非自产货物出口的购货合同，包括一笔购销合同下签订的补充合同等。

（2）出口货物装货单是出口货物托运中的一张重要单据，它既是托运人向船方（或陆路运输单位）交货的凭证，也是海关凭以验关放行的证件。

（3）出口货物运输单据（包括海运提单、航空运单、铁路运单、货物承运单据、邮政收据等承运人出具的货物单据，以及出口企业承付运费的国内运输单证）。

特别提示

> 若发生无法取得上述原始单证情况，出口企业可用具有相似内容或作用的其他单证进行单证备案。

（三）备案单证的方式

生产企业出口货物应按规定采取下列两种单证备案方式。

1．第一种方式

由生产企业按出口货物退（免）税申报顺序，将备案单证对应装订成册，统一编号，并填写"出口货物备案单证目录"。

有下列情形之一的（自发生之日起2年内，出口企业申报出口货物退（免）税后），必须按出口货物退（免）税申报顺序，将备案单证对应装订成册，统一编号，并填写"出口货物备案单证目录"。

（1）纳税信用等级评定为C级或D级。

（2）未在规定期限内办理出口退（免）税登记。

（3）财务会计制度不健全，日常申报出口货物退（免）税时多次出现错误或不准确情况。

（4）办理出口退（免）税登记不满1年。

（5）有偷税、逃避追缴欠税、骗取出口退税、抗税、虚开增值税专用发票等涉税违法行为记录。

（6）有违反税收法律、法规及出口退（免）税管理规定的其他行为。

2．第二种方式

由生产企业按出口货物退（免）税申报顺序填写"出口货物备案单证目录"，不必将备案单证对应装订成册，但必须在"出口货物备案单证目录"的"备案单证存放处"栏内注明备案单证存放地点，如企业内部单证管理部门、财务部门等。不得将备案单证交给企业业务员（或其他人员）个人保存，必须存放在企业。

（四）备案单证

备案单证应是原件，如无法备案原件，可备案有经办人签字声明、与原件相符且加盖企业公章的复印件。

除另有规定外，备案单证由出口企业存放和保管，不得擅自损毁，保存期为5年。对视同出口货物及对外提供修理修配劳务不实行备案单证管理。

第二节　有关单证证明的办理

要点01：代理进口货物证明

委托进口加工贸易料件，受托方应及时向主管税务机关申请开具代理进口货物证明，并及时转交委托方。受托方申请开具代理进口货物证明时，应填报"代理进口货物证明申请表"（见表6-2），提供正式申报电子数据及下列资料。

（1）加工贸易手册及复印件。

（2）进口货物报关单（加工贸易专用）。

（3）代理进口协议原件及复印件。

（4）主管税务机关要求报送的其他资料。

表6-2　代理进口货物证明申请表

海关企业代码：

纳税人名称（公章）：

纳税人识别号：　　　　　　　　　　　　　　　　　　　　　　　　金额单位：元至角分

序号	编号	委托方纳税人名称	委托方纳税人识别号	进口货物报关单号	进口商品代码	进口商品名称	单位	进口数量	进口料件完税价格	海关实征关税和消费税	委托（代理）协议合同号	备注

经办人：　　　　　　　　　　　　　　　　财务负责人：

法定代表人（负责人）：　　　　　　　　　填表日期：　　　年　　月　　日

180

要点02：出口货物退运已补税（未退税）证明

出口货物发生退运的，出口企业应先向主管税务机关申请开具《出口货物退运已补税（未退税）证明》（见表6-3），并携带到海关申请办理出口货物退运手续。委托出口的货物发生退运的，由委托方申请开具《出口货物退运已补税（未退税）证明》并转交受托方。

申请开具《出口货物退运已补税（未退税）证明》时应填报"退运已补税（未退税）证明申请表"（见表6-4），提供正式申报电子数据及下列资料。

（1）出口货物报关单（退运发生时已申报退税的，不需提供）。

（2）出口发票（外贸企业不需提供）。

（3）税收通用缴款书原件及复印件（退运发生时未申报退税的以及生产企业本年度发生退运的，不需提供）。

（4）主管税务机关要求报送的其他资料。

表6-3　出口货物退运已补税（未退税）证明

编号：

海关名称：			
项目	内容		
企业海关代码			
企业名称			
报关单号			
出口日期			
核销单号			
出口发票号			
商品代码			
商品名称			
计量单位			
出口数量			
原计税金额			
原退税额	增值税	消费税	合计

（续表）

退运补税情况	退运数量				
	退运货物计税金额				
	原退税率				
	退运货物免抵退税额（或应退税额）				
	已冲减免抵退税额		冲减所属期		
	应补税额	增值税	消费税		合计
	缴款书号码		入库时间		

主管出口退税的税务机关审查意见		
经办人：	复核人：	负责人：（公章）
年　月　日	年　月　日	年　月　日

表6-4　退运已补税（未退税）证明申请表

海关企业代码：

纳税人名称（章）：　　　　　　　　　　　所属期：　　年　月

纳税人识别号：　　　　　　　　　　　　　金额单位：元到角分

序号	编号	出口海关名称	原出口货物报关单号	出口收汇核销单号	出口商品代码	出口商品名称	计量单位	出口数量	退运数量	退运计税金额	原退税率	原申报免抵退税额	已冲减免抵退税额	冲减所属期	原退增值税额	原退消费税额	已补增值税额	已补消费税额	缴款书号码	入库日期	备注
1	2	3	4	5	6	7	8	9	10	11	12	13	14	15	16	17	18	19	20	21	22	23

（续表）

合计																	

填表说明：

　　外贸企业不需填写第14、15、16栏；生产企业不需填写第17栏

经办人：　　　　　　财务负责人：　　　　　　法定代表人（负责人）：

制表日期：　　　年　月　日　　　　　　　　　第　　页

要点03：补办出口报关单证明

出口企业丢失出口货物报关单，应向主管税务机关申请开具补办出口报关单证明。

申请开具补办出口报关单证明的，应填报"补办出口货物报关单申请表"（见表6-5），提供正式申报电子数据及下列资料。

（1）出口货物报关单（其他联次或通过口岸电子执法系统打印的报关单信息页面）。

（2）主管税务机关要求报送的其他资料。

表6-5　补办出口货物报关单申请表

海关企业代码：

纳税人名称（章）：

纳税人识别号：　　　　　　所属期：　　　年　月　　　　金额单位：美元

序号	编号	出口海关名称	出口货物报关单号	出口收汇核销单号	运单或提单号	出口发票号	出口货物商品代码	出口货物商品名称	贸易性质	出口数量	美元离岸价（总价）
1	2	3	4	5	6	7	8	9	10	11	12
合计											

经办人：　　　　　　财务负责人：　　　　　　法定代表人（负责人）：

制表日期：　　　年　月　日　　　　　　　　　第　　页

要点04：补办出口收汇核销单证明

出口企业丢失出口收汇核销单，应向主管税务机关申请开具补办出口收汇核销单证明。

申请开具补办出口收汇核销单证明的，应填报"补办出口收汇核销单证明申请表"（见表6-6），提供正式申报电子数据及下列资料。

（1）出口货物报关单（出口退税专用或其他联次或通过口岸电子执法系统打印的报关单信息页面）。

（2）主管税务机关要求报送的其他资料。

表6-6　补办出口收汇核销单证明申请表

海关企业代码：
纳税人名称（章）：
纳税人识别号：　　　　　　　所属期：　　年　　月　　　　金额单位：美元

序号	编号	核销日期	主管外管局名称	出口收汇核销单号	出口货物报关单号	出口发票号	美元离岸价（总价）	贸易性质	备注
1	2	3	4	5	6	7	8	9	10
合计									

经办人：　　　　　　　财务负责人：　　　　　　　法定代表人（负责人）：
制表日期：　　年　　月　　日　　　　　　　　　　第　　页

要点05：丢失有关证明的补办

出口企业或其他单位丢失出口退税有关证明的，应向原出具证明的税务机关填报"关于补办出口退税有关证明的申请"（见表6-7），提供正式申报电子数据。原出具证明的税务机关在核实确曾出具过相关证明后，重新出具有关证明，但须注明"补办"字样。

表6-7 关于补办出口退税有关证明的申请

企业海关代码：

纳税人识别号：

纳税人名称：

_____国家税务局：

因我单位丢失下表所列的出口退税有关证明，特此申请补办。如发生重复退税，我单位愿接受税务机关处理。

法定代表人（申明签章）：

纳税人公章：

年 月 日

序号	丢失证明种类	原证明编号	原证明开具税务机关

要点06：出口货物退运已办结税务证明

由于实行免抵退税的生产企业出口货物的应退税款先免抵内销货物的应纳税额，在内销货物应纳税额不够免抵的情况下，才办理退税，因此，实行免抵退税的生产企业已申报办理过退税的出口货物，可能已免抵过内销货物的应纳税额，也可能既免抵过内销货物的应纳税额，也办理过退税。因此，生产企业发生退关退运时，主管退税税务机关对实行免抵退税的生产企业已申报办理过退税的出口货物，只出具《出口货物退运已办结税务证明》，不出具《出口商品退运已补税证明》。

在实行免抵退税的生产企业出口货物已报关出口，取得海关已签发的出口货物报关单（出口退税专用），并申报办理过退税后，因故发生退关退运情况，应持"出口货物退运已办结税务证明申请表"（见表6-8）及电子数据，并附报以下资料到主管退税税务机关办理《出口货物退运已办结税务证明》。

（1）出口收汇核销单（出口退税专用）。

（2）出口货物的运单或提货单及外销发票。

（3）税务机关要求提供的其他资料。

表6-8　出口货物退运已办结税务证明申请表

海关名称：　　　　　　　　　　　　　　　　　　　　　　No.

金额单位：元

项目		内容		
海关企业代码				
企业名称				
出口报关单号				
出口日期				
核销单号				
出口发票号				
出口商品代码				
出口商品名称				
计量单位				
出口数量				
出口美元离岸价		外汇人民币牌价		
计税金额				
已退税额		增值税	消费税	合计
退运情况	退运数量			
	退货计税金额			
	退税率			
	应调整免抵退税额	应退回已退税款——增值税	应退回已退税款——消费税	合计
	缴款书号码		入库时间	

企业经办人	企业负责人：
	（公章）
年　月　日	年　月　日

注：本表一式两份，一份企业留存，一份报主管退税机关。一张报关单有多笔数据的，按笔开具多份。

第七章　生产企业出口退税会计核算与账务处理

生产企业对于出口退（免）税应加以计算，并在会计上按照相关的会计法规进行核算，设置会计科目，建立会计账簿。同时，当出口货物退（免）税的审批结果与账务处理不一致时要及时调整。

第一节　生产企业出口退（免）税的计算

要点01：增值税退（免）税的计税依据

出口货物劳务的增值税退（免）税的计税依据，按出口货物劳务的出口发票（外销发票）、其他普通发票或购进出口货物劳务的增值税专用发票、海关进口增值税专用缴款书确定。

生产企业出口货物劳务（进料加工复出口货物除外）增值税退（免）税的计税依据，为出口货物劳务的实际离岸价。实际离岸价应以出口发票上的离岸价为准，但如果出口发票不能反映实际离岸价，主管税务机关有权予以核定。

生产企业进料加工复出口货物增值税退（免）税的计税依据，按出口货物的离岸价扣除出口货物所含的海关保税进口料件的金额后确定。

海关保税进口料件是指海关以进料加工贸易方式监管的出口企业从境外和特殊区域等进口的料件，包括出口企业从境外单位或个人购买并从海关保税仓库提取且办理海关进料加工手续的料件，以及保税区外的出口企业从保税区内的企业购进并办理海关进料加工手续的进口料件。

生产企业国内购进无进项税额且不计提进项税额的免税原材料加工后出口的货物的计税依据，按出口货物的离岸价扣除出口货物所含的国内购进免税原材料的金额后确定。

出口进项税额未计算抵扣的已使用过的设备增值税退（免）税的计税依据，按下列公式确定。

退（免）税计税依据=增值税专用发票上的金额或海关进口增值税专用缴款书注明的完税价格×已使用过的设备固定资产净值÷已使用过的设备原值

已使用过的设备固定资产净值=已使用过的设备原值-已使用过的设备已提累计折旧

这里所称已使用过的设备是指出口企业根据财务会计制度已经计提折旧的固定资产。

要点02：增值税免抵退税和免退税的计算

生产企业出口货物劳务增值税免抵退税，依下列公式计算。

1. 当期应纳税额的计算

当期应纳税额=当期销项税额—（当期进项税额—当期不得免征和抵扣税额）

当期不得免征和抵扣税额=当期出口货物离岸价×外汇人民币牌价×（出口货物适用税率—出口货物退税率）—当期不得免征和抵扣税额抵减额

当期不得免征和抵扣税额抵减额=当期免税购进原材料价格×（出口货物适用税率—出口货物退税率）

2. 当期免抵退税额的计算

当期免抵退税额=当期出口货物离岸价×外汇人民币牌价×出口货物退税率—当期免抵退税额抵减额

当期免抵退税额抵减额=当期免税购进原材料价格×出口货物退税率

3. 当期应退税额和免抵税额的计算

（1）当期期末留抵税额≤当期免抵退税额，则：

当期应退税额=当期期末留抵税额

当期免抵税额=当期免抵退税额—当期应退税额

（2）当期期末留抵税额＞当期免抵退税额，则：

当期应退税额＝当期免抵退税额

当期免抵税额＝0

当期期末留抵税额为当期增值税纳税申报表中的"期末留抵税额"。

4．当期免税购进原材料价格

当期免税购进原材料价格包括当期国内购进的无进项税额且不计提进项税额的免税原材料的价格和当期进料加工保税进口料件的价格，其中当期进料加工保税进口料件的价格为组成计税价格。

当期进料加工保税进口料件的组成计税价格＝当期进口料件到岸价格＋海关实征关税＋海关实征消费税

（1）采用"实耗法"的，当期进料加工保税进口料件的组成计税价格为当期进料加工出口货物耗用的进口料件组成计税价格。其计算公式为：

当期进料加工保税进口料件的组成计税价格＝当期进料加工出口货物离岸价×外汇人民币牌价×计划分配率

计划分配率＝计划进口总值÷计划出口总值×100%

实行纸质手册和电子化手册的生产企业，应根据海关签发的加工贸易手册或加工贸易电子化纸质单证所列的计划进出口总值计算计划分配率。

实行电子账册的生产企业，计划分配率按前一期已核销的实际分配率确定；新启用电子账册的，计划分配率按前一期已核销的纸质手册或电子化手册的实际分配率确定。

（2）采用"购进法"的，当期进料加工保税进口料件的组成计税价格为当期实际购进的进料加工进口料件的组成计税价格。

若当期实际不得免征和抵扣税额抵减额大于当期出口货物离岸价×外汇人民币牌价×（出口货物适用税率－出口货物退税率），则：

当期不得免征和抵扣税额抵减额＝当期出口货物离岸价×外汇人民币牌价×（出口货物适用税率－出口货物退税率）

要点03：进项税额的处理计算

适用增值税免税政策的出口货物劳务，其进项税额不得抵扣和退税，应当转入成本。

（一）出口卷烟

出口卷烟，依下列公式计算。

不得抵扣的进项税额＝出口卷烟含消费税金额÷（出口卷烟含消费税金额＋内销卷烟销售额）×当期全部进项税额

（1）当生产企业销售的出口卷烟在国内有同类产品销售价格时

出口卷烟含消费税金额＝出口销售数量×销售价格

"销售价格"为同类产品生产企业国内实际调拨价格。如实际调拨价格低于税务机关公示的计税价格，"销售价格"为税务机关公示的计税价格；如高于公示计税价格，销售价格为实际调拨价格。

（2）当生产企业销售的出口卷烟在国内没有同类产品销售价格时

出口卷烟含税金额＝（出口销售额＋出口销售数量×消费税定额税率）÷（1—消费税比例税率）

"出口销售额"以出口发票上的离岸价为准。若出口发票不能如实反映离岸价，生产企业应按实际离岸价计算；否则，税务机关有权按照有关规定予以核定调整。

（二）其他出口货物劳务的计算

除出口卷烟外，适用增值税免税政策的其他出口货物劳务的计算，按照增值税免税政策的统一规定执行。其中，如果涉及销售额，除来料加工复出口货物为其加工费收入外，其他均为出口离岸价或销售额。

要点04：适用增值税征税政策的出口货物劳务应纳增值税的计算

适用增值税征税政策的出口货物劳务，其应纳增值税按下列办法计算。

（一）一般纳税人出口货物

销项税额＝（出口货物离岸价—出口货物耗用的进料加工保税进口料件金额）÷（1＋适用税率）×适用税率

出口货物若已按征退税率之差计算不得免征和抵扣税额并已经转入成本的，相应的税额应转回进项税额。

（1）出口货物耗用的进料加工保税进口料件金额＝主营业务成本×（投入的保税进口料件金额÷生产成本）

主营业务成本、生产成本均为不予退（免）税的进料加工出口货物的主营业务成本、生产成本。当耗用的保税进口料件金额大于不予退（免）税的进料加工出口货物金额时，耗用的保税进口料件金额为不予退（免）税的进料加工出口货物金额。

（2）出口企业应分别核算内销货物和增值税征税的出口货物的生产成本、主营业务成本。未分别核算的，其相应的生产成本、主营业务成本由主管税务机关核定。

进料加工手册经海关核销后，出口企业应对出口货物耗用的保税进口料件金额进行清算。清算公式为：

清算耗用的保税进口料件总额＝实际保税进口料件总额—退（免）税出口货物耗用的保税进口料件总额—进料加工副产品耗用的保税进口料件总额

若耗用的保税进口料件总额与各纳税期扣减的保税进口料件金额之和存在差额，应在清算的当期相应调整销项税额。当耗用的保税进口料件总额大于出口货物离岸金额时，其差额部分不得扣减其他出口货物金额。

（二）小规模纳税人出口货物

应纳税额＝出口货物离岸价÷（1＋征收率）×征收率

第二节 生产企业出口退税会计核算及账务处理

要点01：外销收入的确认

生产企业出口业务就其性质不同，主要有自营出口、委托代理出口、加工补偿出口、援外出口等；就其贸易性质不同，主要有一般贸易、进料加工复出口贸易、来料加工复出口贸易、国内深加工结转贸易等。

外销收入是生产企业出口退（免）税的主要依据，不管是什么成交方式下的，最后都要以离岸价为依据进行核算和办理出口退（免）税。因此，除正常的销货款外，外销收入的确认还与外汇汇率确定、国外运保佣的处理、出口货物退运等密切相关。

（一）入账时间及依据

1. 关于做账时间问题

生产企业在货物出口时，必须按会计制度的规定在财务上做销售账。做账时间以出口货物离岸时的当期为准。

2. 入账金额

生产企业自营出口，销售收入的入账金额一律以离岸价为基础，以离岸价以外价格条件成交的出口货物，其发生的国外运输、保险及佣金等费用支出均应扣除。

特别提示

　　离岸价以出口发票上的离岸价为准（委托代理出口的，出口发票可以是委托方开具的或受托方开具的），并与海关报关单所注明的离岸价和"口岸电子执法系统"出口退税子系统中的离岸价一致。

（1）如果出口发票的离岸价和"口岸电子执法系统"出口退税子系统中的离岸价不一致，出口企业要及时向海关申报更改，海关重新出具新的电子信息和纸质"证明联"。

（2）以其他方式开具的，应扣除按会计制度规定允许冲减出口销售收入的运费、保险费、佣金等。

（3）如果出口发票不能如实反映离岸价，企业应按实际离岸价申报免抵退税，实际离岸价以"口岸电子执法系统"出口退税子系统中的离岸价为准。

（二）外汇汇率的确定

企业会计制度（2001）第一百一十九条规定，企业发生外币业务时，应当采用业务发生时的汇率，也可采用业务发生当期期初的汇率折合。

（1）如出口货物离境当月已结汇的出口货物，按银行结算的实际牌价计算入账金额和申报。

（2）未结汇的，按出口货物离境时的当月1日国家外汇管理局公布的人民币基准汇价计算入账金额和申报。

（三）销售账簿的设置

生产企业应根据出口业务设置自营出口销售明细账、委托代理出口销售明细账、来料加工出口销售明细账、深加工结转出口销售明细账，一般采用多栏式账页记载外销收入有关情况，内外销必须分别记账，按不同征税率和退税率分账页分别核算出口销售收入，并在摘要栏内详细记载每笔出口销售。

要点02：免抵退税会计科目的设置

对出口货物免抵退税的核算，主要涉及"应交税费——应交增值税""应交税费——未交增值税"和"应收补贴款"会计科目。

（一）"应交税费——应交增值税"科目的核算内容

出口企业（仅指增值税一般纳税人，下同）应在"应交税费"科目下设置"应交增值税"明细科目，具体如图7-1所示。

借方发生额

反映出口企业购进货物或接受应税劳务支付的进项税额和实际支付已缴纳的增值税

贷方发生额

反映出口企业销售货物或提供应税劳务应缴纳的增值税额、出口货物退税、转出已支付或应分担的增值税

期末借方余额

反映企业多交或尚未抵扣的增值税

期末贷方余额

反映企业尚未缴纳的增值税

图7-1 应交增值税的借贷方法

出口企业在"应交增值税"明细账中，应设置"进项税额""已交税金""减免税金""出口抵减内销产品应纳税金""销项税额""出口退税""进项税额转出"等专栏，具体核算内容如表7-1所示。

表7-1　"应交税费——应交增值税"科目的核算内容

序号	专栏名称	核算内容
1	进项税额	记录出口企业购进货物或接受应税劳务而支付的准予从销项税额中抵扣的增值税。出口企业购进货物或接受应税劳务支付的进项税额，用蓝字登记；退回所购货物应冲销的进项税额，用红字登记
2	已交税金	核算出口企业当月上交本月的增值税额。企业缴纳当期增值税时借记本科目，贷记"银行存款"
3	减免税金	反映出口企业按规定直接减免的增值税税额。企业按规定直接减免的增值税税额借记本科目，贷记"补贴收入"等科目
4	出口抵减内销产品应纳税额	反映出口企业销售出口货物后，向税务机关办理免抵退税申报，按规定计算的应免抵税额，借记本科目，贷记"应交税费——应交增值税（出口退税）"
5	转出未交增值税	核算出口企业月终转出应交未交的增值税。月末企业"应交税费——应交增值税"明细账出现贷方余额时，根据余额借记本科目，贷记"应交税费——未交增值税"
6	销项税额	记录出口企业销售货物或提供应税劳务收取的增值税额。出口企业销售货物或提供应税劳务应收取的增值税额，用蓝字登记；退回销售货物应冲销的销项税额，用红字登记。现行出口退税政策规定，实行免抵退税的生产企业的出口货物销售收入不计征销项税额，对经审核确认不予退税的货物应按规定征税率计征销项税额
7	出口退税	记录出口企业出口的货物，实行免抵退税方法的，在向海关办理报关出口手续后，凭出口报关单等有关凭证，向税务机关申报办理出口退税而应收的出口退税款以及应免抵税款。出口货物退回的增值税额，用蓝字登记；出口货物办理退税后发生退货或退关而补交已退的税款，用红字登记。出口企业当期按规定确定应退税额、应免抵税额后，借记"应收补贴款——增值税""应交税费——应交增值税（出口抵减内销产品应纳税额）"，贷记本科目

（续表）

序号	专栏名称	核算内容
8	进项税额转出	记录出口企业原材料、在产品、产成品等发生非正常损失，以及《增值税暂行条例》规定的免税货物和出口货物免税等不应从销项税额中抵扣、应按规定转出的进项税额。按税法规定，对出口货物不予抵扣税额的部分，应在借记"产品销售成本"的同时，贷记本科目。企业在核算出口货物免税收入的同时，对出口货物免税收入按征退税率之差计算出的"不予抵扣税额"，借记"产品销售成本"，贷记本科目，当月"不予抵扣税额"累计发生额应与本月申报的"生产企业出口货物免税明细申报表"中"不予抵扣或退税的税额"合计数一致。出口企业收到主管税务机关出具的《生产企业进料加工贸易免税证明》和《生产企业进料加工贸易免税核销证明》后，按证明上注明的"不予抵扣税额抵减额"用红字贷记本科目，同时以红字借记"产品销售成本"。生产企业发生国外运保佣费用支付时，按出口货物征退税率之差分摊计算，并冲减"不予抵扣税额"，用红字贷记本科目，同时以红字借记"产品销售成本"
9	转出多交增值税	核算出口企业月终转出多交的增值税。月末企业"应交税费——应交增值税"明细账出现借方余额时，根据余额借记"应交税费——未交增值税"，贷记本科目

（二）"应交税费——未交增值税"科目的核算内容

出口企业还必须设置"应交税费——未交增值税"明细科目，并建立明细账。月度终了，要做如图7-2所示的会计处理。

处理一　将本月应交未交增值税自"应交税费——应交增值税"明细科目转入本科目，借记"应交税费——应交增值税（转出未交增值税）"，贷记本科目

处理二　将本月多交的增值税自"应交税费——应交增值税（转出多交增值税）"明细科目转入本科目，借记本科目，贷记"应交税费——应交增值税（转出多交增值税）"

本月上交上期应交未交增值税，借记本科目，贷记"银行存款"科目

图7-2　月度终了的会计处理

月末，本科目的借方余额反映的是企业期末结转下期继续抵扣的进项税额（即留抵税额或专用税票预缴等多缴税款），贷方余额反映的是期末结转下期应交的增值税。

特别提示

生产企业实行免抵退税，退税的前提必须是计算退税的当期应纳增值税为负，也就是说当期必须有未抵扣完的进项税额，而当期未抵扣完的进项税额在月末须从"应交税费——应交增值税（转出多交增值税）"明细科目转入本科目，退税实际上是退的本科目借方余额中的一部分；在出口退税的处理上，计算应退税时借记"应收补贴款"，贷记"应交税费——应交增值税（出口退税）"，收到退税时借记"银行存款"，贷记"应收补贴款"。

（三）"应收补贴款"科目的核算内容

"应收补贴款"科目（一些企业也使用"应收出口退税"科目），其借方反映出口企业销售出口货物后，按规定向税务机关办理免抵退税申报，所计算得出的应退税额，企业必须设置明细账页进行明细核算。

生产企业出口货物应免抵税额、应退税额和不予抵扣税额等会计处理，按财会字〔1995〕21号《财政部关于调低出口退税率后有关会计处理的通知》总述如下。

借：应收补贴款——增值税

　　应交税费——应交增值税（出口抵减内销产品应纳税额）

　　产品销售成本

贷：应交税费——应交增值税（出口退税）

　　　　——应交增值税（进项税额转出）

要点03：免抵退税的会计核算

（一）购进货物的会计核算

1. 采购国内原材料

采购国内原材料的价款和运杂费计入采购成本，增值税专用发票上注明的增值税额计入进项税额，根据供货方的有关票据，企业应编制如下会计分录：

借：材料采购

　　应交税费——应交增值税（进项税额）

　贷：银行存款（应付账款等）

原材料入库时，企业应根据入库单编制如下会计分录：

借：原材料

　贷：材料采购

2. 进口原材料

进口有自营进口、委托代理进口，贸易方式又分进料加工、一般贸易和来料加工（合同约定作价）等。这里只以进料加工为例，其他贸易方式（除材料账二级科目为相应贸易外）的账务处理与进料加工相同，具体如图7-3所示。

报关进口

（1）出口企业应根据进口合约规定，凭全套进口单证，编制如下会计分录：
　　借：材料采购——进料加工——××材料名称
　　　贷：应付外汇账款（或银行存款）
（2）支付上述进口原辅料件的各项目内直接费用，企业应编制如下会计分录：
　　借：材料采购——进料加工——××材料名称
　　　贷：银行存款
（3）货到口岸时，计算应纳进口关税或消费税，企业应编制如下会计分录：
　　借：材料采购——进料加工——××材料名称
　　　贷：应交税费——应交进口关税
　　　　　　　　——应交进口消费税

缴纳进口料件的税金

（1）出口企业应根据海关出具的完税凭证，编制如下会计分录：

借：应交税费——应交进口关税

——应交进口增值税

——应交增值税（进项税额）

贷：银行存款

（2）按税法规定，无须缴纳进口关税、增值税的企业，不需要编制应交税金的上述会计分录。

进口料件入库

进口料件入库后，财会部门应凭储运或业务部门开具的入库单，编制如下会计分录：

借：原材料——进料加工——××商品名称

贷：材料采购——进料加工——××商品名称

图7-3　进口原材料的会计处理

3．委托加工产品会计处理

（1）委托加工材料发出时，出口企业凭加工合同和发料单编制如下会计分录：

借：委托加工材料

贷：原材料

（2）根据委托加工合同支付加工费，凭加工企业的加工费发票和有关结算凭证，出口企业应编制如下会计分录：

借：委托加工材料

应交税费——应交增值税（进项税额）

贷：银行存款（应付账款）

（3）委托加工产品收回，可直接对外销售的，出口企业凭入库单编制如下会计分录：

借：产成品

贷：委托加工材料

还需要继续生产或加工的，出口企业凭入库单编制如下会计分录：

借：原材料

　　贷：委托加工材料

（二）销售业务的会计核算

1. 内销货物处理

借：银行存款（应收账款）

　　贷：产品销售收入

　　　　应交税费——应交增值税（销项税额）

2. 自营出口销售

销售收入以及不予抵扣税额在记账时先以外销发票注明的离岸价格为依据。

（1）一般贸易的核算

一般贸易的会计核算如图7-4所示。

销售收入

> 财会部门依开具的外销出口发票上注明的出口额折换成人民币后的金额编制如下会计分录：
> 借：应收外汇账款
> 　　贷：产品销售收入——一般贸易出口销售
> 收到外汇时，财会部门根据结汇水单等编制如下会计分录：
> 借：汇兑损益
> 　　银行存款
> 　　贷：应收外汇账款——客户名称（美元、人民币）

不予抵扣税额计算

> 按出口销售额乘以征退税率之差，出口企业应编制如下会计分录：
> 借：产品销售成本——一般贸易出口
> 　　贷：应交税费——应交增值税（进项税额转出）

图7-4　一般贸易的会计核算

（2）进料加工贸易的核算

企业在记载销售账时原则上要将一般贸易与进料加工贸易通过二级科目分开进行明细核算，核算与一般贸易相同。但是，对进料加工贸易进口料件要按每期进料加工贸易复出口销售额和计划分配率计算"免税核销进口料件组成计税价格"，向主管国税机关申请开具《生产企业进料加工贸易免税证明》，在进口货物海关核销后申请开具《生产企业进料加工贸易免税核销证明》，确定进料加工"不予抵扣税额抵减额"。

①出口企业收到主管国税机关《生产企业进料加工贸易免税证明》后，依据注明的"不予抵扣税额抵减额"编制如下会计分录：

借：产品销售成本——进料加工贸易出口（红字）

　　贷：应交税费——应交增值税（进项税额转出）（红字）

②在一份进料加工手册执行完毕后，如果实际执行情况与手册情况有差异，也必须进行账务调整。在税收机关核实后，企业对补开的"不予抵扣税额抵减额"编制如下会计分录：

借：产品销售成本——进料加工贸易出口（红字）

　　贷：应交税费——应交增值税（进项税额转出）（红字）

对多开的部分，通过核销冲回，以蓝字登记以上会计分录。

3. 委托代理出口

生产企业委托代理出口时，应编制如下会计分录：

借：应收账款等

　　产品销售费用（代理手续费）

　　贷：产品销售收入

（三）应纳税额的会计核算

根据现行政策规定，免抵退税企业出口应税消费品免征消费税，增值税按以下公式计算：

当期应纳税额＝当期内销货物的销项税额—（当期全部进项税额—当期不予抵扣或退税的税额）—上期未抵扣完的进项税额

（1）如当期应纳税额大于零，月末财务部门应编制如下会计分录：

借：应交税费——应交增值税（转出未交增值税）

　　贷：应交税费——未交增值税

（2）如当期应纳税额小于零，月末财务部应编制如下会计分录：

借：应交增值税——未交增值税

 贷：应交税费——应交增值税（转出多交增值税）

（四）免抵退税的会计核算

出口企业应免抵税额、应退税额的核算是在办理退税申报时，根据"生产企业出口货物免抵退税汇总申报表"上单证齐全的申报数做会计处理。

（1）按当期"生产企业出口货物免抵退税汇总申报表"上单证齐全申报数，分以下三种情况进行会计处理，具体如表7-2所示。

表7-2　三种情况的会计处理

序号	情况	会计分录
1	申报的应退税额=0，申报的应免抵税额>0时	借：应交税费——应交增值税（出口抵减内销产品应纳税额） （即申报的应免抵税额） 贷：应交税费——应交增值税（出口退税）
2	申报的应退税额>0，且免抵税额>0时	借：应收补贴款——增值税（申报的应退税额） 应交税费——应交增值税（出口抵减内销产品应纳税额） （即申报的应免抵税额） 贷：应交税费——应交增值税（出口退税）
3	申报的应退税额>0，申报的免抵税额=0时	借：应收补贴款——增值税（申报的应退税额） 贷：应交税费——应交增值税（出口退税）

（2）企业在收到出口退税款时应编制如下会计分录：

借：银行存款

 贷：应收补贴款——增值税

第三节　免抵退税的会计调整

要点01：退（免）税审批结果的会计调整

出口货物退（免）税的审批结果与账务处理不一致需要调整的，分以下几种情况。

（一）终审金额小于入账金额

调减"免抵退税额"，企业应编制如下会计分录：

借：应交税费——应交增值税（出口抵减内销产品应纳税额）（红字）

　　贷：应交税费——应交增值税（出口退税）（红字）

（二）终审金额大于入账金额

调增"免抵退税额"，企业应编制如下会计分录：

借：应交税费——应交增值税（出口抵减内销产品应纳税额）

　　贷：应交税费——应交增值税（出口退税）

（三）"免抵退出口货物的应退税额"栏目与审批数有差异

出口企业在退税申报的当期按申报数就已做会计处理，在免抵退终审后发现差异的，会导致退税部门批准的"免抵退出口货物的应退税额"，与生产企业在"增值税纳税申报表"中反映的"免抵退出口货物的应退税额"数存在差异。因此，对批准数>申报数的，出口企业应按未进行会计处理的批准数补做相应的会计分录调增应退税额等科目，对故意拖延入账时间不进行账务处理的，按《征管法》进行处理；对批准数<申报数的冲减已做的会计分录，多申报的部分在纳税申报时进行扣减。

（四）"不予抵扣税额抵减额"栏目与审批数有差异

在一个年度内主管国税机关已出具的《进料加工贸易免税证明》或《进料加工贸易免税核销证明》上的"不予抵扣税额抵减额"，与生产企业在"增值税纳税申报表"中反映的"不予抵扣税额抵减额"累计数有差异的，应调整以前年度损益，补交已退税款（批准数＜申报数）或在下期追加申报不予抵扣税额抵减额（批准数＞申报数）。

"不予抵扣税额抵减额"栏目与审批数有差异的会计处理如图7-5所示。

> 批准数＜申报数
>
> 应补交税金＝"增值税纳税申报表"中"不予抵扣税额抵减额"的累计数－当年度退税部门批准的不予抵扣税额抵减额。根据以上结果，企业应编制如下会计分录：
>
> 借：以前年度损益调整
>
> 贷：应交税费——未交增值税
>
> 对由于调减以前年度利润而减少的所得税，企业应编制如下会计分录：
>
> 借：应交税费——应交所得税
>
> 贷：以前年度损益调整
>
> 结转"以前年度损益调整"科目时，企业应编制如下会计分录：
>
> 借：利润分配——未分配利润
>
> 贷：以前年度损益调整
>
> 补税时，应编制如下会计分录：
>
> 借：应交税费——未交增值税
>
> 贷：银行存款

> 批准数＞申报数
>
> 按差额部分编制如下会计分录：
>
> 借：应交税费——未交增值税（红字）
>
> 贷：以前年度损益调整
>
> 对由于调增以前年度利润而增加的所得税，企业应编制如下会计分录：
>
> 借：以前年度损益调整
>
> 贷：应交税费——应交所得税
>
> 结转"以前年度损益调整"科目时，企业应编制如下会计分录：
>
> 借：以前年度损益调整
>
> 贷：利润分配——未分配利润

图7-5 "不予抵扣税额抵减额"栏目与审批数有差异的会计处理

要点02：计提销项税的会计调整

根据财税〔2004〕116号文件第二条计提销项税的会计调整，计算销项税额为：

销项税额＝（出口货物离岸价格×外汇人民币牌价）÷（1＋法定增值税税率）×法定增值税税率

账务处理要求如下：

（1）对应征增值税出口额，企业应编制如下会计分录：

借：应收外汇账款

　　贷：产品销售收入——××贸易出口

　　　　应交税费——应交增值税（销项税额）

在当期计算应纳税额时，企业应编制如下会计分录：

借：应交税费——应交增值税（已交税金）

　　贷：银行存款

（2）对应征收消费税货物，企业应编制如下会计分录：

借：主营业务税金及附加

　　贷：应交税费——应交消费税

借：应交税费——应交消费税

　　贷：银行存款

对出口企业已按规定计算免抵退税不得免征和抵扣税额并已转成本的，可从成本科目中转入进项税额科目。

要点03：退关退运免抵税额的会计调整

生产企业出口货物在报关出口后发生退关退运的，应向退税部门申请办理《出口商品退运已补税证明》，退税部门根据退运出口货物离岸价计算调整已免抵退税款。已确认收入的销售产品退回，一般情况下直接冲减退回当月的销售收入、销售成本等，对已申报免税或退税的还要进行相应的免抵退税调整，分别情况做会计处理，具体如图7-6所示。

情况一

（1）业务部门在收到对方提运单并由储运部门办理接货及验收、入库等手续后，财会
部门应凭退货通知单按原出口金额编制如下会计分录：

借：产品销售收入——一般贸易出口（红字）

贷：应收外汇账款

（2）对退货货物的原运保佣费用，以及退货费用的处理，财务部门应编制如下会计分录：

借：待处理财产损溢

贷：产品销售收入——一般贸易出口（原运保佣部分）

银行存款（退货发生的一切国内、外费用）

经批准后财务部门应编制如下会计分录：

借：营业外支出

贷：待处理财产损溢

情况二

应调整免抵退税金＝退运出口货物离岸价×外汇人民币牌价×退税率

（1）不予抵扣税额的调整。部分退货的按退货数量进行分摊，在冲减出口销售收入的
同时编制如下会计分录：

借：产品销售成本——一般贸易出口（红字）

贷：应交税费——应交增值税（进项税额转出）（红字）

（2）免抵税额的调整。企业在向主管国税机关申请开具《退运税收已调整证明》时，
按照批准的"应调整免抵退税额"进行免抵税额调整或补税，调整免抵税额的会计分录
如下：

借：应交税费——应交增值税（出口抵减内销产品应纳税额）（红字）

贷：应交税费——应交增值税（出口退税）（红字）

如果原出口货物没有"免抵税额"只有"应退税额"，要进行补税，企业对此应编
制如下会计分录：

借：应交税费——未交增值税

贷：银行存款

图7-6　免抵退税调整的情况

205

要点04：消费税应税出口货物的会计调整

如果出口货物为应税消费品，在计算调整已免抵增值税税款的同时，还应补交已免征的消费税税款。

> 涉及消费税补税的情况主要有：退关退货、海关电子信息核对不上、出口后超过法定期限未申报退税等。

（一）从价定率征收的应税消费品

应补交消费税金=出口货物离岸价×外汇人民币牌价×消费税税率

生产企业根据主管国税机关的调整意见，补征消费税并编制如下会计分录：

借：产品销售税金及附加

　　贷：应交税费——应交消费税

借：应交税费——应交消费税

　　贷：银行存款

（二）从量定额征收的应税消费品

应补交消费税金=出口销售数量×单位税额

有关会计调整，如跨年度且涉及以前年度利润调整事项的、未说明的，要按"以前年度损益调整"科目进行会计核算。

第三部分

外贸企业出口退税指南

导视图

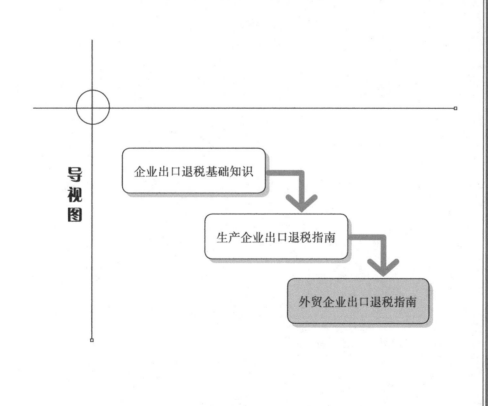

企业出口退税基础知识

生产企业出口退税指南

外贸企业出口退税指南

第八章 外贸企业出口退（免）税申报流程

企业当月出口的货物须在次月的增值税纳税申报期内，向主管税务机关办理增值税纳税申报、退（免）税相关申报及消费税免税申报。

第一节 出口退（免）税的认定、变更和注销

要点01：外贸企业出口退（免）税的认定

（一）出口退（免）税认定条件

外贸企业应在办理对外贸易经营者备案登记或签订首份委托出口协议之日起30日内，填报"出口退（免）税资格认定申请表"（见国家税务总局2012年第24号公告附件）并生成电子表格对应电子数据，持相关资料及电子数据到直属税务分局办理出口退（免）税资格认定。

（二）出口退（免）税认定流程

外贸企业到当地国家税务局领取并填写"出口退（免）税资格认定申请表"、退税资料收文本，上面注明需要企业法人代表签名的请企业法人代表亲笔签名或签章，所有资料均须加盖企业公章。另外，企业须报送"出口退（免）税资格认定申请表"电子信息。外贸企业填写好上述资料后，携带以下资料到国家税务局直属税务分局综合管理科办理退（免）税资格认定。

（1）签字、印章齐全的纸质"出口退（免）税资格认定申请表"及通过出口退（免）税申报系统生成的资格认定申请电子数据。

（2）加盖备案登记专用章的"对外贸易经营者备案登记表"或《中华人民共和国外商投资企业批准证书》原件及复印件（附送资料的复印件必须注明"与原件一致"字样并签章，下同）。

（3）中华人民共和国海关进出口货物收发货人报关注册登记证书原件及复印件。

（4）银行开户许可证原件及复印件。

（5）直属税务分局要求提供的其他资料。

其他单位应在发生出口货物劳务之前，填报"出口退（免）税资格认定申请表"，提供银行开户许可证及直属税务分局要求的其他资料，到直属税务分局办理出口退（免）税资格认定。

特别提示

外贸企业和其他单位在出口退（免）税资格认定之前发生的出口货物劳务，在办理出口退（免）税资格认定后，可以在规定的退（免）税申报期内按规定申报增值税退（免）税或免税，以及消费税退（免）税或免税。

（三）办理退（免）税认定登记后需做的事项

凡在直属税务分局新办退（免）税认定的外贸企业，在取得首张增值税进项发票（国内购进用于出口）并认证通过后，带上首张发票抵扣联、打印出来的认证信息结果或认证通知书、退税资料收文本，在直属税务分局综合管理科退（免）税认定窗口，办理认证信息登记（该信息登记只须办理一次，企业如果不来办理认证信息登记就无法交单审核）。

要点02：外贸企业出口退（免）税的变更

外贸企业出口退（免）税资格认定的内容发生变更的，须自变更之日起30日内，填报"出口退（免）税资格认定变更申请表"（见国家税务总局2012年第24号公告附件）以及退税资料收文本的相关变更栏目，并分以下情况到国家税务局直属税务分局综合管理科申请办理变更手续。

（一）退税开户银行和退税账号的变更

所需提供资料如下。

（1）在"出口退（免）税资格认定变更申请表"相关变更栏里填写变更后的银行和账号，由法人亲笔签名，加盖企业公章。

（2）在退税资料收文本相关变更栏里填写变更后的银行和账号，必须由法人亲笔签名并加盖企业公章。

（3）如变更前的银行账号办理过银行账号监管的，须由原开户银行出具证明同意变更，证明上须加盖原开户银行公章。

（4）国家税务局直属税务分局要求提供的其他资料。

（二）海关代码的变更

所需提供资料如下。

（1）已变更的海关进出口货物收发货人注册登记证书原件及复印件（复印件须注明"与原件相符"字样并加盖企业公章）。

（2）"出口退（免）税资格认定变更申请表"相关变更栏里填写变更后的银行和账号，必须由法人亲笔签名，并加盖企业公章。

（3）在退税资料收文本相关变更栏里填写变更后的海关代码，必须由法人亲笔签名并加盖企业公章。

（4）国家税务局直属税务分局要求提供的其他资料。

特别提示

　　企业（原海关代码）的税款没有退完的，应待退税审批完结，所审核退税款到账后再来办理企业海关代码变更。原海关代码尚未申报的单证，在海关代码变更后，用原海关代码申报。变更后的报关单，用新海关代码申报。

（三）涉及税务登记基本信息的变更

涉及税务登记基本信息的变更包括注册类型、行业归属、纳税人识别号、地址等。办理这些信息的变更所需提供资料如下。

（1）变更后的税务登记证原件及复印件。

（2）在"出口退（免）税资格认定变更申请表"相关变更栏里填写变更后的项目，必须由法人亲笔签名，加盖企业公章。

（3）纳税人识别号的变更参见本书第二章。

（4）国家税务局直属税务分局要求提供的其他资料。

（四）涉及企业类型及退（免）税计算方法的变更

涉及企业类型及退（免）税计算方法的变更所需提供资料如下。

（1）在"出口退（免）税资格认定变更申请表"相关变更栏里填写变更后的项目，必须由法人亲笔签名，加盖企业公章。

（2）在退税资料收文本相关变更栏里填写好已变更的新资料，必须由企业法人亲笔签名并加盖企业公章。

（3）在"变更出口企业退（免）税认定申请表（外贸企业用）"填写相关项目，必须由法人亲笔签名，加盖企业公章。

（4）国家税务局直属税务分局要求提供的其他资料。

（五）申请变更的其他要求

出口企业或其他单位申请变更退（免）税办法的，在经主管税务机关批准变更的次月起按照变更后的退（免）税办法申报退（免）税。企业应将批准变更前全部出口货物按变更前退（免）税办法申报退（免）税，在变更后不得申报变更前出口货物退（免）税。

原执行免退税办法的企业，在批准变更次月的增值税纳税申报期内可将原计入出口库存账且未申报免退税的出口货物向主管税务机关申请开具《出口转内销证明》。

原执行免抵退税办法的企业，应将批准变更当月的"免抵退税申报汇总表"中的"当期应退税额"填报在批准变更次月的"增值税纳税申报表""免抵退应退税额"栏中。

企业按照变更前退（免）税办法已申报但在批准变更前未审核办理的退（免）税，主管税务机关对其按照原退（免）税办法单独审核、审批办理。对原执行免抵退税办法的企业，主管税务机关对已按免抵退税办法申报的退（免）税应全部按规定审核通过后，一次性审批办理退（免）税。

退（免）税办法由免抵退税变更为免退税的企业，其经批准变更前已通过认证的增值税专用发票或取得的海关进口增值税专用缴款书，不得作为申报免退税的原始凭证。

要点03：外贸企业出口退（免）税的注销

（一）取消增值税一般纳税人的

外贸企业在国税局网站出口退税模块下载"出口退（免）税资格认定注销申请表"并填写好，须由企业法人亲笔签字或签章并加盖企业公章。相关人员携带"出口货物劳务退（免）税资格认定表"、《国家税务局退（免）税认定通知书》或《出口企业退税认定证》及退税资料收文本前来税务局办理。

已取消增值税一般纳税人而仍有税款未退完的企业，还须用电脑打印一份申请报告，报告上注明未退税单证中全部出口报关单号码、出口日期、美元出口额、人民币应退税额，报告上须加盖企业公章。

注销申请审批通过后税务局退还"出口退（免）税资格认定注销申请表"，收回原"出口货物劳务退（免）税资格认定表"。

（二）其他情况需要注销的

外贸企业在当地国税局网站出口退税模块下载"出口退（免）税资格认定注销申请表"并填写好，由企业法人亲笔签字或签章并加盖企业公章，相关人员携带"出口货物劳务退（免）税资格认定表"、《国家税务局退（免）税认定通知书》或"出口企业退税认定证"及退税资料收文本前来办理。

如有税款尚未退的，等所有税款退完后再前来办理注销。

注销申请审批通过后税务局退还"出口退（免）税资格认定注销申请表"，收回原"出口货物劳务退（免）税资格认定表"。

（三）其他注销要求

需要注销税务登记的出口企业和其他单位，应填报"出口退（免）税资格认定注销申请表"（见国家税务总局2012年第24号公告附件），向直属税务分局申请注销出口退（免）税资格，然后再按规定办理税务登记的注销。

出口企业和其他单位在申请注销认定前，应先结清出口退（免）税款。注销认定后，出口企业和其他单位不得再申报办理出口退（免）税。

第二节　退税申报相关规定

要点01：退税申报期限

外贸企业应在货物报关出口之日〔以出口货物报关单（出口退税专用）上的出口日期为准〕次月起至次年4月30日前的各增值税纳税申报期内收齐有关凭证，向主管税务机关申报办理出口货物增值税免抵退税及消费税退税。逾期的，企业不得申报免退税。

企业应使用出口退税申报系统办理出口货物劳务退（免）税、免税申报业务及申请开具相关证明业务。财税〔2012〕第39号公告、国家税务总局2012年第24号公告、国家税务总局2013年第12号公告要求企业报送的电子数据均应通过出口退税申报系统生成、报送。在出口退税申报系统信息生成、报送功能升级完成前，可暂报送纸质资料。

出口退税申报系统可从国家税务总局网站免费下载或由主管税务机关免费提供。

要点02：电子信息查询

（一）报关单信息查询

企业自营出口货物申报退税前，必须在海关"口岸电子执法系统"的"出口退税管理系统模块"中报送"出口货物报关单"电子信息，否则退税申报无法得到确认通过。

外贸企业在海关的"口岸电子执法系统"成功报送"出口货物报关单"电子数据后，报关单的电子信息会在一周后到达直属税务分局，成功报送的标志是"报送日期"。如果"报送日期"显示为空，则证明企业在"口岸电子执法系统"中未报送成功，需要重新进行"数据报送"操作。

外贸企业如需查询报关单信息，必须提供从"口岸电子执法系统"中的"综合查询"模块内打印的"数据查询"页面。企业持"数据查询"页面到直属税务分局计算机信息管理科查询。如企业不能提供查询页面，则不能确定企业在"口岸电子执法系统"是否成功报送，计算机信息管理科不予查询。

（二）发票认证信息查询

（1）如预审疑点提示"该发票（×××）在总局发票信息中不存在"时，企业应该检查应录入的18位发票代码和号码有无错漏。

如果录入无误，企业应于发票通过认证半个月后在"专用发票认证结果清单"上注明该发票疑点类型为"该发票（×××）在总局发票信息中不存在"，交到计算机信息管理科处理。

如果企业先做发票认证，但认证当月未在直属税务分局做退（免）税认定登记的，预审后也会出现该疑点。此时需要把"专用发票认证结果清单"交到计算机信息管理科，由计算机信息管理科为其做补发数据处理。

（2）如疑点提示"该发票（×××）非交叉稽核相符发票"，企业应于发票通过认证三个月后持"专用发票认证结果清单"［原件或复印件均可，注明该发票疑点类型——"该发票（×××）非交叉稽核相符发票"］，到计算机信息管理科处理。

 特别提示

（1）企业应确保在申报系统录入的"进货凭证号"无误，请分别检查10位代码及8位号码。

（2）如是新办企业，要持首张认证发票原件于一周之内到综合管理科认证窗口办理登记，否则将不会收到交叉稽核相符发票信息（从办理该登记日起3个月才可能有交叉稽核相符发票信息）。

（三）"专用税票"信息查询

对消费税专用缴款书自开票之日起两个月后无信息的，企业应先到主管征收分局查看该"消费税专用缴款书"信息是否做"数据入库"处理，如果没有，请让主管征收分局执行"数据入库"操作。如果确认数据已经入库，企业则按照"上报缴款书格式"填好相应的内容并交到计算机信息管理科进行处理。"上报缴款书格式"为企业自制Excel表格，应包含企业代码、企业纳税人识别号、企业名称、缴款书号码、开票日期、供货方纳税人识别号、供货方企业名称、计税金额、实缴税额、退税额等项信息。

 **特别提示**

　　请确保录入的税票号码无误，税票号码应从扩号内第三位开始录入并加上两位项号，一共应录入13位。

（四）"代理出口货物证明"信息查询

　　对"代理出口货物证明"自出具之日起两个月后无信息的，企业应将无信息的代理证明复印件及按复印件全部内容制作成的电子表格［电子表格数据应包含受托企业名称、受托企业海关代码、委托企业名称、委托企业纳税人识别号、报关单号、离境日期、核销单号、出口商品代码、出口商品名称、计量单位、数量、币别、离岸价格、委托（代理）出口合同号等项信息］交到直属税务分局计算机信息管理科进行查询。

　　代理证明查询包括受托方查询及委托方查询两种情况。

要点03：申报退税前的准备工作

（一）从"中国电子口岸"提交数据

　　出口货物报关出口后，出口企业应及时登录"中国电子口岸"出口退税子系统，在核查并准确地确认出口信息的同时，提交出口货物报关单电子数据。中国电子口岸登录界面如图8-1所示。

　　1. 流程说明

　　（1）出口货物实际离境并进行舱单核销后，申报地海关自动将结关电子信息（即报关单号信息）传送至电子口岸数据中心，供用户查询。企业可根据电子结关信息的查询结果，及时向申报地海关领取或打印出口退税报关单证明联。

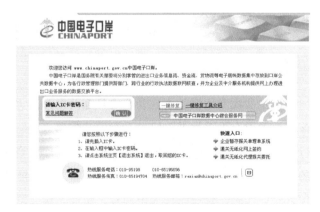

图8-1　中国电子口岸网页

（2）申报地海关在签发纸质出口退税报关单证明联后，计算机自动将出口货物报关单电子数据传送至电子口岸数据中心。

（3）出口企业上网查询出口货物报关单电子底账，并与领取的纸质出口退税报关单证明联进行比对，比对无误后确认提交口岸数据中心，由口岸数据中心报送国家税务总局。

（4）国家税务总局接到口岸数据中心提供的已确认（包括已确认后经过海关修改补传的）出口货物报关单数据后，通过税务系统广域网下发各地税务机关进出口税收管理部门使用，作为退税审核的法定依据之一。

（5）企业按照国家税务总局关于出口退税管理的有关规定，持纸质出口退税报关单"出口退税专用"联及其他要求报送的证明文件向进出口税收管理部门申请办理退税。

2．相关业务提示

（1）企业在网上查询到相关出口货物结关信息后，应及时向申报地海关打印纸质出口货物退税报关单证明联。

（2）企业在领取纸质出口退税报关单证明联后，应及时在网上做数据报送操作，未报送的电子数据在网上保留期限最多延至次年3月底。

（3）经企业确认报关的电子报关单数据属执法数据，税务机关据以进行退税审核，企业对报送过程负有一定的责任，在报送前应认真核对电子数据与纸质单证是否一致，对不一致者应及时查明原因，向申报地海关提出修改或重签申请。

（4）由于企业误操作，造成报送后的电子数据与纸质单证不符，可由企业向海关提出申请，重新打印纸质报关单可修改电子数据，修改后的数据由口岸数据中心每月底向国税部门补传，企业不必在网上进行重复报送操作。

（二）增值税专用发票认证

根据国家税务总局文件的规定，出口企业（指增值税一般纳税人）取得增值税专用发票，必须自该发票开具之日起180日内到主管征税机关认证，税务局对未经过认证或认证未通过的发票一律不予办理出口退税。

因此在进行出口退税申报之前，出口企业应及时持增值税专用发票（抵扣联）到其主管征税机关进行认证，同时取得专用发票的认证信息。

（三）首张发票信息登记

出口企业在取得首张增值税专用发票（国内购进用于出口业务）并通过认证后，须在主管退税机关办理认证信息登记手续。办理登记手续时须提供的资料如下。

（1）首张增值税专用发票抵扣联。

（2）打印的增值税专用发票认证结果清单或认证通知书。

（3）退税资料收文本。

（四）收齐纸质凭证并按关联号配单

配单是指出口企业在收集齐全与退税申报相关的原始凭证之后，将此凭证按照其业务发生的真实情况，以及进货与出口凭证的关联关系进行配对。

关联号是配单的数字规则，是进货业务与出口业务的唯一关联，是退税业务的最小单位。一个关联号反映一笔完整的购进与出口销售业务。在一个关联号内，一批进货数据对应一批出口数据，同一产品的进货总数量与出口总数量应该相等。

在一次申报的同一关联号内的同一商品代码下，应保持进货数量与出口数量的完全一致，即进货、出口均不结余。在此情况下，存在四种进货与出口的对应方式。

（1）一票出口对应一票进货。

（2）多票出口对应一票进货。

（3）一票出口对应多票进货。

（4）多票出口对应多票进货。

一个关联号内的进货或出口业务票数越多，其发生错误的概率也越高。若有其中一笔数据产生错误，则整个关联号内的数据都无法通过关联检查。因此，建议出口企业在开展购销业务时，尽量避免"多票出口对应多票进货"的情况发生。

要点04：退税申报所需资料及有关要求

出口企业或其他单位应先通过税务机关提供的远程预申报服务进行退（免）税预申报，在排除录入错误后，方可进行正式申报。税务机关不能提供远程预申报服务的，企业可到主管税务机关进行预申报。

出口企业或其他单位对于退（免）税凭证电子信息不齐的出口货物劳务，可进行正式退（免）税申报，但退（免）税只有在税务机关按规定对电子信息审核通过后方能办理。

（一）所需资料

企业向主管税务机关办理增值税免退税申报，应将申报时须提供的原始凭证按明细申报表载明的申报顺序装订成册。

（1）外贸企业出口退税申报审核表（国税局网站下载）。

（2）外贸企业出口退税汇总申报表（见国家税务总局2012年第24号公告附件）。

（3）外贸企业出口退税进货明细申报表（见国家税务总局2012年第24号公告附件）。

（4）外贸企业出口退税出口明细申报表（见国家税务总局2012年第24号公告附件）。

（5）出口货物退（免）税正式申报电子数据。

（6）下列原始凭证。

①出口货物报关单。

②增值税专用发票（抵扣联）、出口退税进货分批申报单、海关进口增值税专用缴款书（提供海关进口增值税专用缴款书的，还须同时提供进口货物报关单，下同）。

③委托出口的货物，还应提供受托方主管税务机关签发的代理出口货物证明，以及代理出口协议副本。

④属应税消费品的，还应提供消费税专用缴款书或分割单、海关进口消费税专用缴款书（提供海关进口消费税专用缴款书的，还须同时提供进口货物报关单，下同）。

⑤主管税务机关要求提供的其他资料。

（二）资料装订要求

外贸企业将电子信息齐全的单证装订成册，连同正式申报盘报送至主管科室对应窗口办理退税正式申报。需要注意的事项如下。

1．纸质资料装订顺序

（1）外贸企业出口退税汇总申报审核表。

（2）外贸企业出口退税汇总申报表。

（3）封皮。

（4）外贸企业出口退税出口明细申报表。

（5）外贸企业出口退税进货明细申报表。

（6）增值税专用发票（抵扣联）、出口退税进货分批申报单、海关进口增值税专用缴款书。

（7）出口货物报关单。

2．要求

（1）在"外贸企业出口退税汇总申报表"上，企业填表人、财务负责人和企业负责人必须签名，不能盖私章。

（2）封皮上必须加盖企业公章，其中的各项内容要填写齐全。

（3）在"外贸企业出口退税出口明细申报表"和"外贸企业出口退税进货明细申报表"上必须加盖企业公章，在企业负责人等各栏目必须签名。

要点05：退单处理

（一）退单的条件

对退税审核中发现以下情形的，直属分局审核员会与企业的办税员联系，通知其到收单窗口领取退单单证。同时审核员会填写"退单处理表"，外贸企业办税员应根据"退单处理表"的退单原因对单证做相应的补充、更正，补充资料后再重新到收单窗口申报交单。退单发函的企业，则须等回函后再重新申报。

（1）外贸企业申报的资料、凭证不符合有关规定的。

（2）单证有不可挑过的疑点需要发函。

（二）申报单证的常见问题

（1）电子数据与纸质数据不符。

（2）退税单证未按规定装订。

（3）出口报关单项目的填报与增值税专用发票在商品名称、数量、计量单位等项目上存在差异。

（三）退单流程

（1）企业办税人员在收到退单通知后应及时到收单窗口领取退单。

（2）企业办税人员凭退税资料收文本或其他有效证明领取退单，并在综合科退单、返回登记本上写好退单签收记录。

（四）单证退单后的处理

（1）对属于电子数据与纸质数据不符的，外贸企业应按出口退税申报系统操作流程所示步骤重新录入电子信息，确保电子信息与纸质信息一致。

（2）对属于单证装订不符合要求的，外贸企业应按照直属税务分局要求重新装订。

（3）对属于出口货物海关商品编码适用错误的，外贸企业应到海关部门对出口报关单数据进行修改。

（4）对属于增值税专用发票商品名称、计量单位等与出口报关单存在差异的，外贸企业应将发票退回供货方，用红字冲减后，重新开具增值税专用发票。

（5）对属于增值税专用发票数量与出口报关单存在差异的，分以下两种情况处理。

①对增值税专用发票数量大于出口报关单的，应考虑该发票是否需要结转。

②增值税专用发票数量小于出口报关单的，对不退税的部分应视同内销征税，另有规定者除外。

（6）对属于退单发函的，待回函后，属于可以申报退税的，把回函原件装订到单证后再重新申报。

第三节　外贸企业出口退税申报程序

要点01：预申报

外贸企业收齐出口货物退（免）税申报资料后，使用出口退（免）税申报系统生成电子申报数据，可以通过"出口退税远程预审系统"进行远程预审，也可携带预申报盘至综合管理科办理预审。外贸企业根据预审的反馈结果对申报单证分别做如下处理。

（1）对电子信息齐全、信息核对相符（允许有可以挑过的信息疑点）的单证，可以到主管科室对应窗口办理正式申报。

（2）对电子信息不齐或核对不相符的单证（有不可挑过的信息疑点），可以到主管科室对应窗口办理单证备案登记；对长时间无电子信息的核销单、代理证明，可以同时向综合科申请发函核实。

要点02：正式申报

外贸企业将电子信息齐全的单证装订成册，连同正式申报盘报送至主管科室对应窗口办理退税正式申报。需要注意的事项如下。

（1）封皮内装订顺序依次为函调情况分析表、外贸企业出口退税进货明细申报表、外贸企业出口退税出口明细申报表、增值税专用发票、出口报关单。

（2）封皮外装订顺序依次为外贸企业出口退税申报审核表、外贸企业出口退税汇总申报表、外贸企业出口退税进货明细申报表、外贸企业出口退税出口明细申报表。

（3）在"外贸企业出口退税汇总申报表"上，企业填表人、财务负责人和企业负责人必须签名，不能盖私章。

（4）封皮上必须加盖企业公章，其中的各项内容要填写齐全。

（5）"外贸企业出口退税出口明细申报表"和"外贸企业出口退税进货明细申报表"上必须加盖企业公章，在企业负责人等各栏目必须签名。

（6）如出口退税货物有委托加工业务的，必须附委托加工业务核算表、外购原材料的采购合同和委托加工合同。

　　委托加工业务核算表在单证受理窗口领取，并与出口报关单、增值税专用发票、原材料的采购合同、委托加工合同一起装订；另外，加工费发票上必须注明"加工费"字样。

（7）如出口退税货物进料加工业务包括"作价加工"和"委托加工"两种方式，"作价加工"业务必须附有到综合管理科申请办理的《进料加工登记手册》复印件（并加盖公章），以及进口料件的报关单复印件（并加盖公章）。对"委托加工"业务还须提供委托加工合同或协议。

要点03：逾期无电子信息退（免）税备案登记

（1）外贸企业在出口退税申报期内收齐相关纸质凭证，办理相关正式申报手续，如出口退税申报期到期时，仍有电子信息不齐或信息不符的，可到单证申报岗办理备案登记，待电子信息齐全、无误后再正式申报。

例如，2013年出口的货物在2014年4月增值税申报期内仍有电子信息不齐或者信息不符情况的，可到单证申报岗办理备案登记，待电子信息齐全、无误后再正式申报。

（2）外贸企业将电子信息不齐或信息不符，但纸质凭证齐全的单证装订成册，按正式申报要求的格式生成备案用正式申报盘后，在申报期限内报送至主管科室对应窗口办理单证备案手续。

（3）对已经办理备案的单证，外贸企业不得随意更改"凭证张数"和"应退税金额"，如确实需要拆单放弃申报退税的，企业必须出具法人签名的书面申请报告，同时须将拆出的报关单数据盘报送对应单证受理窗口。

要点04：延期申报

外贸出口企业因确有特殊原因，须提出延期申报出口货物退税的，应当向综合管理科提出书面延期申报申请，经审核并批准后，方可在核准的期限内申报办理退（免）税。

第九章 外贸企业出口退税申报系统操作指引

目前外贸出口退税申报系统软件已升级到V15.0版，企业可以到中国出口退税咨询网站下载该软件，并按要求进行安装、启动与维护。以下主要介绍外贸企业出口退税申报的操作要领。本章首先介绍V13.0版的操作要领，再介绍V14.0、V15.0版的不同及新增系统功能的应用要领。

第一节 外贸出口退税申报系统V13.0版的使用说明

要点01：系统配置设置与修改

选择"系统维护"→"系统配置"→"系统配置设置与修改"进入如图9-1所示的界面。

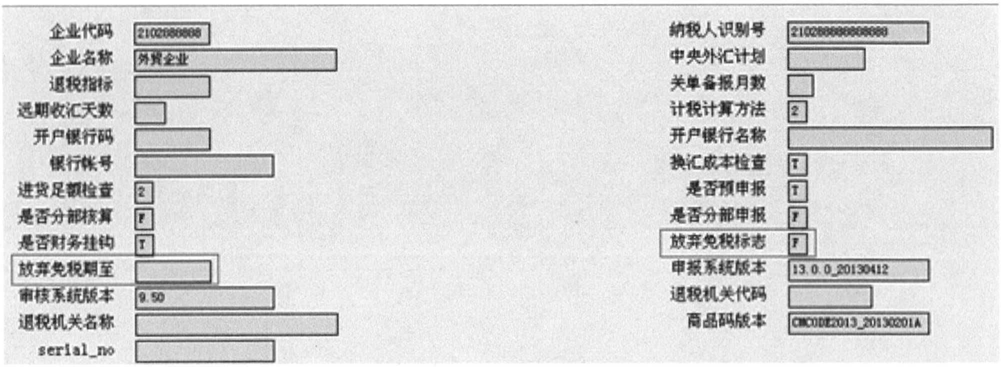

图9-1 系统界面

填写要求说明如表9-1所示。

表9-1 系统配置设置与修改填写要求说明

序号	项目	具体说明
1	企业代码	即本企业的10位海关代码,如3101234569
2	纳税人识别号	即本企业的税务登记号15位号码
3	企业名称	本企业的工商登记全称
4	中央外汇指标	暂不填
5	退税指标	暂不填
6	关单备报月数	暂不填
7	远期收汇天数	暂不填
8	计税计算方法	输入数字2,单票对应法
9	开户银行码	输入6位企业开户银行码
10	银行名称	输入企业开户银行名称
11	银行账号	企业开户银行名称对应的账号
12	换汇成本检查	选T
13	进货足额检查	选2,同时检查增值税、消费税
14	是否预申报	选T(进行预申报),此处选择对数据加工处理有影响
15	是否分部门核算	选F,不分部门核算。选T,分部门核算。如果企业要分部门核算,则选T,并且要进入"系统维护"→"代码维护"中的"部门代码",点击"增加"或"修改",进行部门代码维护,并且要与退税登记表的部门代码一致
16	是否分部门申报	选F(不录入部门代码)
17	是否分部门申报	暂选F(企业内申报序号唯一)
18	是否与财务挂钩	暂选F
19	放弃免税标志	当录入"出口放弃免税权声明表"生成数据后,放弃免税标志由F变为T,同时更新"放弃免税期至"的时间
20	放弃免税期至	
21	退税机关代码	输入退税机关所在地行政编码,一般是税号的前6位即可
22	退税机关名称	输入退税机关名称
注意:灰色部分不能更改和填写		

要点02：外部数据采集

（一）出口报关单数据查询与确认

通过单击"基础数据采集"→"外部数据采集"→"出口报关单数据查询与确认"，进入如图9-2所示的界面。

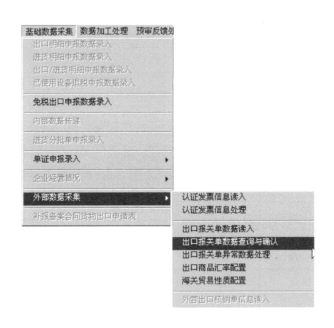

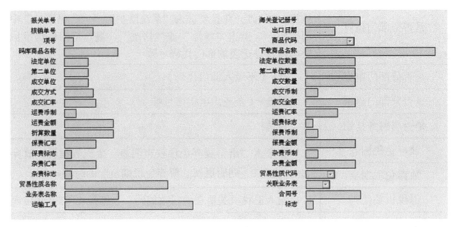

图9-2　系统界面

填写要求说明如表9-2所示。

表9-2 出口报关单数据查询与确认填写要求说明

序号	项目	具体说明
1	报关单号	出口报关单上18位海关编号
2	海关登记册号	备案号
3	核销单号	批准文号
4	出口日期	报关单上的出口日期
5	项号	也叫报关单商品项号，表示报关单上的第几项，与海关编号合并组成12位或21位"报关单号码"，用于出口退税申报，如01
6	商品代码	海关商品代码
7	法定单位	出口商品的法定计量单位
8	法定单位数量	法定计量单位下的出口数量
9	第二单位	出口商品的第二计量单位
10	第二单位数量	第二计量单位下的出口数量
11	成交单位	出口报关计量单位，用于出口商品的单价统计和成交金额、数量反算验证
12	成交数量	该成交计量单位下的出口数量
13	成交方式	出口成交方式：FOB、CIF、C&F。非FOB方式下需要进行转换折算
14	成交汇率	使用报关当日的汇率时需要填写，否则不需填写
15	成交金额	该成交方式下的出口总价（金额）
16	运费币制	运费的结算币制，有可能与出口成交币制不同
17	运费汇率	使用报关当日的汇率时需要填写，否则不需填写
18	运费金额	该报关单下的运费（根据运费标记的不同，所代表的含义不同）
19	运费标志	1——运费率、2——运费单价、3——运费总价
20	折算数量	运费标志为2（即运费单价）的情况下参与计算的数量
21	保费币制	保费的结算币制，有可能与出口成交币制不同
22	保费汇率	使用报关当日的汇率时需要填写，否则不需填写
23	保费金额	该报关单下的保险费（根据保费标记的不同，代表的含义不同）
24	保费标志	1——保费率、2——保费单价、3——保费总价

（续表）

序号	项目	具体说明
25	杂费币制	杂费的结算币制，有可能与出口成交币制不同
26	杂费汇率	使用报关当日的汇率时需要填写，否则不需填写
27	杂费金额	该报关单下的佣金费、杂费等（根据杂费标记的不同，代表的含义不同）
28	杂费标志	1——杂费率、2——杂费单价、3——杂费总价
29	贸易性质代码	主要是用于区分一般贸易、加工贸易、免税出口等不同业务类型
30	关联业务表	将当前报关单记录确认到关联业务表中，根据当前操作需要可重新修改此项
31	标志	空——尚未检查、N——检查未通过、Y——检查通过

（二）出口商品汇率配置

企业可以通过单击"基础数据采集"→"外部数据采集"→"出口商品汇率配置"进入如图9-3所示的界面。

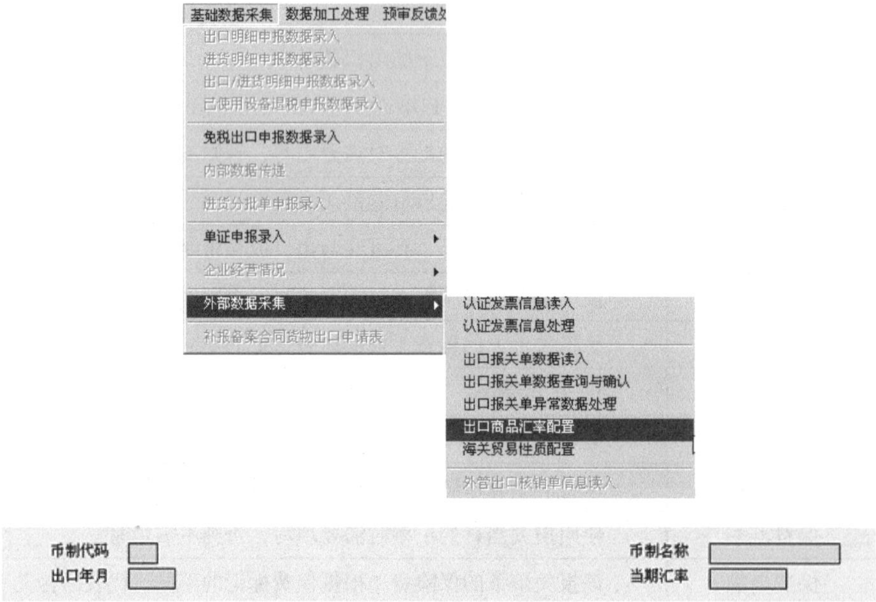

图9-3　系统界面

企业从电子口岸导入报关单数据后需要到"汇率配置"中设置企业当期汇率,具体如表9-3所示。

表9-3　出口商品汇率配置填写要求说明

序号	项目	具体说明
1	币制代码	出口报关单数据中涉及的币制,包含成交币制、运费币制、保费币制、杂费币制
2	币制名称	出口报关单数据中涉及币制的名称
3	出口年月	报关单上的出口年月
4	当期汇率	报关单上出口年月的当期汇率,100外币兑人民币汇率

(三)海关贸易性质配置

通过单击"基础数据采集"→"外部数据采集"→"海关贸易性质配置"进入如图9-4所示的界面。

图9-4　系统界面

从电子口岸导入报关单数据除了要配置"汇率配置",还要填写"海关贸易性质配置",具体填写要求说明如表9-4所示。

表9-4　海关贸易性质配置填写要求说明

序号	项目	具体说明
1	贸易性质代码	海关出口报关单的贸易性质码
2	贸易性质名称	海关出口报关单的贸易性质名称
3	关联业务表	将出口报关单数据根据贸易性质确认到配置的关联业务表中,根据当前操作需要可重新配置此项

(四)免税出口申报数据录入

通过单击"基础数据采集"→"免税出口申报数据录入"进入如图9-5所示的界面。

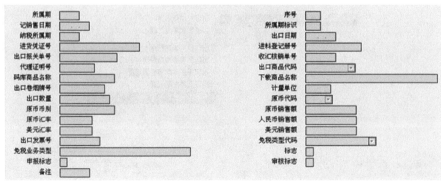

图9-5　系统界面

填写要求说明如表9-5所示。

表9-5　免税出口申报数据录入填写要求说明

序号	项目	具体说明
1	所属期	4位年份+2位月份，如：201304
2	序号	4位流水号，如：0001、0002…
3	记销售日期	记出口销售账日期
4	所属期标识	该笔记录的所属年度一般根据记账时间确定，不一定与"所属期"一致
5	纳税所属期	是指与该笔出口货物相对应的"小规模纳税人出口货物免税明细表"中的"申报所属期"
6	出口报关单号	18位海关编号+[0]+2位项号。在执行日期前按原规则录入，海关编号后9位+[0]+2位项号
7	收汇核销单号	填写出口收汇核销单的编号
8	代理证明号	出口代理证明编号+2位项号
9	出口商品代码	出口报关单上的商品编码
10	出口卷烟牌号	
11	原币币别	外币FOB价
12	原币销售额	100元外币兑人民币汇率
13	原币汇率	100元外币兑人民币汇率
14	人民币销售额	人民币FOB价
15	美元汇率	100美元兑人民币汇率
16	美元销售额	美元FOB价
17	出口发票号	企业外销货物出口发票号码
18	免税类型代码	小规模纳税人填写"01"；避孕类及古书填写"02"
19	申报标志	空：未申报；R：已申报
20	审核标志	空：未审核通过；R：已审核通过

要点03：单证申报录入

（一）进料加工免税证明申请表

企业通过单击"基础数据采集"→"单证申报录入"→"进料加工贸易管理"→"进料加工免税证明申请表"，进入如图9-6所示的界面。

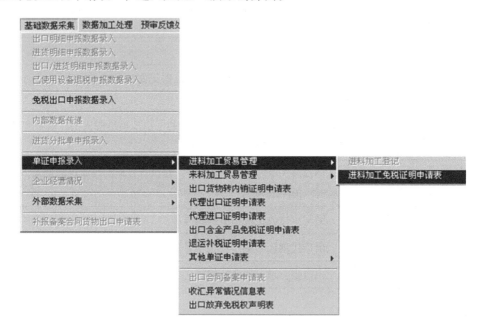

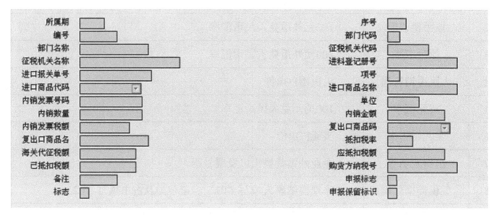

图9-6　系统界面

填写要求说明如表9-6所示。

表9-6　进料加工免税证明申请表填写要求说明

序号	项目	具体说明
1	所属期	内销的销售年月，抵扣按此所属期为限
2	序号	序号输入若不足4位，请前补零
3	编号	是税务机关将数据打印到一张凭证的标志
4	部门代码	企业在税务机关登记的部门码
5	进口报关单号	18位海关编号＋[0]＋2位项号，如：123456789123456789001、123456789123456789002…
6	项号	是税务机关打印在一张凭证项下的第几条记录标志
7	进口商品代码	对应进口报关单项下的商品代码
8	进口商品名称	在同一商品码下，名称可与商品码库中的商品名称略有不同，但单位必须相同
9	内销发票号码	销售进口料件的发票号码
10	内销金额	销售进口料件的发票号码项下的计税金额
11	内销发票税额	销售进口料件的发票号码项下的税额
12	复出口商品码	对应复出口报关单项下的商品代码
13	抵扣税率	作价加工征税率和复出口商品的退税率比较，择其小者
14	海关代征税额	海关代征的增值税税额
15	应抵扣税额	抵扣税额＝内销金额×抵扣税率－海关代征税额
16	已抵扣税额	在查询审核综合信息时，做进料加工抵扣而将抵扣总额按物理顺序写入已抵扣额项
17	申报标志	空：未申报；1：待申报；R：已申报
18	申报保留标志	此标志可由申报系统传入审核系统，按相关规定使用

（二）其他单证的录入

其他单证包括来料加工免税证明申请表、来料加工免税收政策证明核销申请表、进口货物转内销证明申请表、代理出口证明申请表等，这些单证的录入操作要求同上表。

（三）出口放弃免税权声明表的录入

企业通过单击"基础数据采集"→"单证申报录入"→"出口放弃免税权声明表录入"进入如图9-7所示的界面。

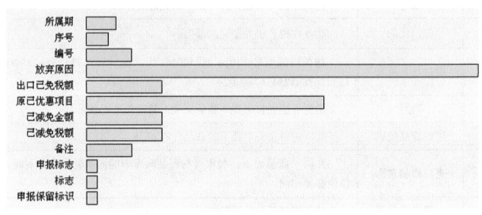

图9-7　系统界面

填写要求说明如表9-7所示。

表9-7　出口放弃免税权声明表填写要求说明

序号	项目	具体说明
1	所属期	4位年份+2位月份，如：201303
2	序号	填4位流水号，如：0001、0002…
3	编号	一般情况下，一个编号即可满足申报要求。规则：所属期+流水号
4	放弃原因	填写不同"申请放弃出口免税权原因"，编号不能相同
5	出口已免税额	填写不同"出口已免税额"，编号不能相同
6	原已优惠项目	填写企业内销原已享受优惠项目
7	已减免金额	填写企业内销原已享受优惠的项目已减免金额
8	已减免税额	填写企业内销原已享受优惠的项目已减免税额

要点04：数据加工处理

（一）生成预申报数据

进行免税申报及单证申报时，生成"预申报数据"到软盘报送给税务机关审核。企业可以通过单击"数据加工处理"→"生成预申报数据"进行数据预申报操作。企业在生成申报数据时，路径可自行设定。可选择本地申报和远程申报，选择本地申报时，系统会有默认路径，进行退税申报点击"年+月+YSB"，企业须根据情况自定盘符。单证申报路径须由企业自定（见图9-8）。

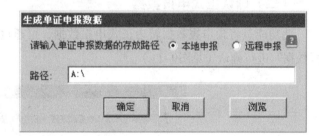

图9-8　系统界面

选择远程申报时，将文件生成到申报系统安装路径中的"out_port"文件夹中，压缩包中的命名规则为"企业代码+mx（明细缩写）"（如图9-9所示）。

图9-9　压缩文件

申报成功后，系统会弹出"数据申报情况"信息框（见图9-10）。

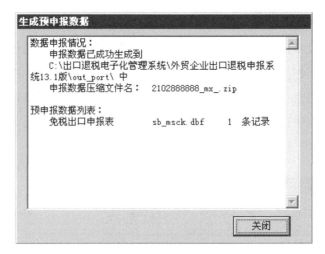

图9-10　系统界面

（二）确认正式申报数据

此功能是将预申报数据转为正式申报数据，可通过单击"预审反馈处理→确认正式申报数据"进行确认（见图9-11）。

图9-11　提示

进入"确认正式申报数据"后，点击"确认"按钮，系统右上角会提示确认成功信息（见图9-12）。

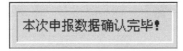

图9-12　图标

要点05：预审反馈处理

（一）退（免）税申报预审信息接收（读入）

退（免）税申报预审信息读入有两种形式，一种是接收反馈压缩包形式（此反馈压缩包从相关网站中下载获取）；另一种是读入反馈文件形式，此反馈文件从税务局获取。

退税部门审核完企业的预申报数据后，会将审核疑点表反馈给企业，企业需要通过系统提供的"退税申报预审信息读入"将反馈信息读入申报系统。申报系统只保留本次反馈信息，读入后当月进行调整。下次读入反馈信息后，覆盖上次的反馈信息，具体如图9-13所示。

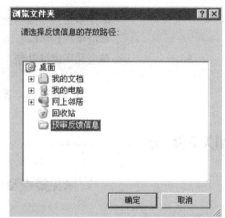

图9-13 系统界面

（二）退（免）税预审信息处理

企业将反馈信息读入系统后，应根据税务局反馈的疑点信息，通过疑点原因、疑点概述、调整方法对上述疑点进行内部调整。疑点信息可通过打印功能键打印出来并与系统内的原申报数据进行比较。可通过单击"预审反馈处理"→"退（免）税预审信息处理"，进入出现的界面即可。

（三）单证申报预审信息接收（读入）

单证申报预审信息读入有两种形式，一种是接收反馈压缩包形式（此反馈压缩包是从相关网站中下载获取），另一种是读入反馈文件形式（此反馈文件是从税务局获取）。

　　退税部门审核完企业的预申报数据后，会反馈给企业审核疑点表，企业需要通过系统提供的"单证申报预审信息读入"将反馈信息读入申报系统。申报系统只保留本次反馈信息，下次读入反馈信息后，覆盖上次的反馈信息，具体如图9-14所示。

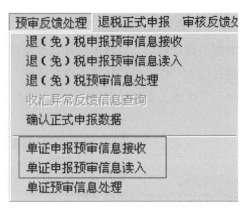

图9-14　系统界面

⊸◗　**相关链接**　◗⊸

常见疑点及处理方法

常见疑点如下表所示。

常见疑点

序号	疑点代码	错误级别	疑点描述	疑点原因
1	1483	E	报关单（XYZ）为非保税区运入保税区和保税区退区	"运抵国"是中国，并且运输方式是非保税区运入保税区和保税区退区
2	1487	W	企业申报核销单号（XYZ）与海关数据中对应核销单号不符	出口企业申报退税时，录错核销单号
				税务机关在调整出口企业申报数据时，调整出错
				外管局提供的核销单信息滞后

（续表）

序号	疑点代码	错误级别	疑点描述	疑点原因
3	1485	E	报关单（XYZ）为境内存入出口监管仓库和出口监管仓库退仓	"运抵国"是中国，并且运输方式是境内存入出口监管仓库和出口监管仓库退仓
4	1490	E	报关单（XYZ）为保税区运入非保税区	"运抵国"是中国，并且运输方式是保税区运入非保税区
5	1491	E	报关单（XYZ）为保税仓库转内	"运抵国"是中国，并且运输方式是保税仓库转内
6	1492	E	报关单（XYZ）为出口加工区与区外之间进出的货物	"运抵国"是中国，并且运输方式是出口加工区与区外之间进出的货物
7	1493	E	报关单（XYZ）为同一出口加工区内或不同出口加工区的企业之间相互结转（调拨）的货物或其他运输方式	"运抵国"是中国，并且运输方式是同一出口加工区内或不同出口加工区的企业之间相互结转（调拨）的货物或其他运输方式
8	1433	E	此贸易性质（XYZ）存在退税或不退税情况，请确认后处理	贸易性质存在退税或不退税情况，请确认后处理
9	2563	W	该发票（XYZ）在不符发票核查信息中，类别为正常	发票在不符发票核查信息中，类别为正常
10	2564	E	该发票（XYZ）在不符发票核查信息中，类别为非正常	发票在不符发票核查信息中，类别为非正常
11	2565	W	该发票（XYZ）在失控作废核查信息中，类别为正常	发票在失控作废核查信息中，类别为正常
12	2566	E	该发票（XYZ）在失控作废核查信息中，类别为非正常	发票在失控作废核查信息中，类别为非正常
13	7958	W	发票征收率（XYZ%）与申报商品（XYZ）征收率（XYZ%）误差超XYZ%	发票征收率与申报商品征收率有误差

（续表）

序号	疑点代码	错误级别	疑点描述	疑点原因
14	1600	W	申报商品码（前10位）与代理数据中的（XYZ）不等	出口企业申报退税时，商品代码填报错误或其他原因
15	1601	W	申报商品码（前10位）与代理数据中的（XYZ）不等	出口企业申报退税时，商品代码填报错误或其他原因
16	1602	W	申报商品码（前10位）与代理数据中的（XYZ）不等（禁营）	出口企业申报退税时，商品代码填报错误或其他原因
17	1603	W	申报商品码（前10位）与代理数据中的（XYZ）不等（免税）	出口企业申报退税时，商品代码填报错误或其他原因
18	1604	W	申报商品码（前10位）与代理数据中的（XYZ）不等（专营YAB）	出口企业申报退税时，商品代码填报错误或其他原因
19	1400	W	申报商品码（前10位）与海关数据中的（XYZ）不等	出口企业申报退税时，商品代码填报错误或其他原因
20	1401	W	申报商品码（前10位）与海关数据中的（XYZ）不等	出口企业申报退税时，商品代码填报错误或其他原因
21	1402	W	申报商品码（前10位）与海关数据中的（XYZ）不等（禁营）	出口企业申报退税时，商品代码填报错误或其他原因
22	1403	W	申报商品码（前10位）与海关数据中的（XYZ）不等（免税）	出口企业申报退税时，商品代码填报错误或其他原因
23	1404	W	申报商品码（前10位）与海关数据中的（XYZ）不等（专营YAB）	出口企业申报退税时，商品代码填报错误或其他原因
24	1481	W	申报出口日期与海关数据中的（XYZ）不等	出口企业申报退税时，录错报关出口日期；税务机关在调整出口企业出口申报数据时，调整出错

（续表）

序号	疑点代码	错误级别	疑点描述	疑点原因
25	1130	E	禁止出口商品或不退税商品	出口企业在报关出口时，使用了错误商品代码
				出口企业将禁止出口商品或不退税商品出口后申报退税
26	1274		出口日期（XYZ）超过规定期限	不再审核该疑点
27	1431		此贸易性质（XYZ）为其他类	属于贸易性质为其他类
				出口企业申报退税时，报关单号填报错误
28	1432	E	此贸易性质（XYZ,YAB）不退税	属于不退税贸易性质
				出口企业申报退税时，报关单号填报错误

注：疑点级别分为"E"和"W"，"E"级别的不能申报退税，"W"级别的一般可忽略。

（四）单证预审信息处理

接收读入的数据只有通过做反馈信息处理才会更新到申报系统中，系统会对内部数据和反馈回的数据进行比对，对不一致的数据进行增删改的处理，处理后系统内的数据和反馈的数据完全一致。

企业可通过单击"预审反馈处理"→"单证预审信息处理"进入出现的界面。

要点06：退税正式申报

（一）免税出口申报数据查询

企业通过单击"退税正式申报"→"查询已使用设备及免税出口申报数据"→"免税出口申报数据查询"进入如图9-15所示的界面。

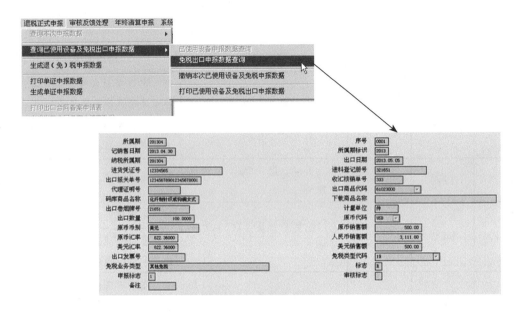

图9-15　系统界面

（二）打印免税出口申报数据

企业通过单击"退税正式申报"→"查询已使用设备及免税出口申报数据"→"打印已使用设备及免税出口申报数据"进入如图9-16所示的页面。

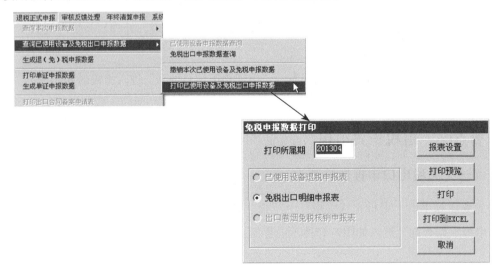

图9-16　系统界面

（三）撤销本次免税申报数据

生成申报后，当企业需要对申报数据进行再调整或追加时，可执行此功能，即数据从申报转入待申报修改后再重新生成申报。企业可通过单击"退税正式申报"→"查询已使用设备及免税出口申报数据"→"撤销本次已使用设备及免税申报数据"进行撤销，具体如图9-17所示。

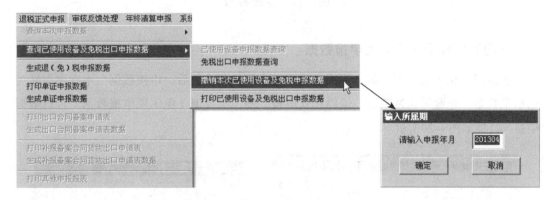

图9-17　系统界面

输入需要撤销数据的所属期后，点击"确认"按钮，具体如图9-18所示。

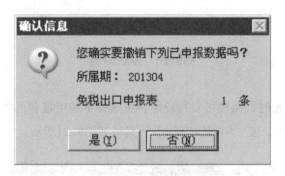

图9-18　系统界面

显示该所属期下的可撤销数据，点击"确认"按钮，具体如图9-19所示。

图9-19　系统界面

（四）生成退（免）税申报数据

生成退（免）税申报数据，形成正式申报。执行此功能后，申报数据由本次申报转为已申报状态。企业可通过单击"退税正式申报"→"生成退（免）税申报数据"进行数据申报，具体如图9-20所示。

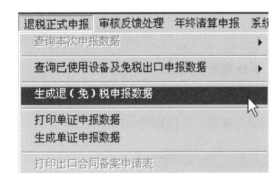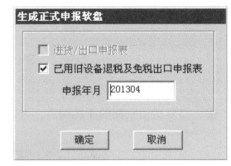

图9-20　系统界面

生成正式申报数据时，路径可自行设定。可选择本地申报和远程申报，选择本地申报时，系统会有默认路径，按"年+月+ZSSB"，具体如图9-21所示。

图9-21　系统界面

选择远程申报时，将文件生成到申报系统安装路径中的"out_port"文件夹中，压缩包中的命名规则为"企业代码+hz（汇总缩写）+申报年月"。申报成功后，系统会弹出"数据申报情况"信息框，具体如图9-22所示。

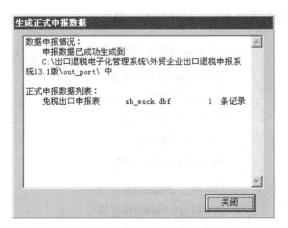

图9-22　系统界面

要点07：审核反馈处理

（一）已申报免税出口数据查询

对于转为已申报的数据，企业可通过"审核反馈处理"→"已申报免税出口数据查询"进行查询，具体如图9-23所示。

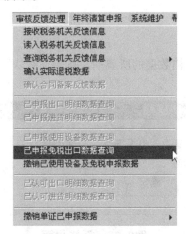

图9-23　系统界面

（二）撤销已使用设备及免税申报数据

生成申报后，当企业需要对申报数据进行再调整或追加时，可执行此功能，数据从申报转入待申报修改后再重新生成申报。企业通过单击"审核反馈处理"→"撤销已使用设备及免税申报数据"进行数据撤销，具体如图9-24所示。

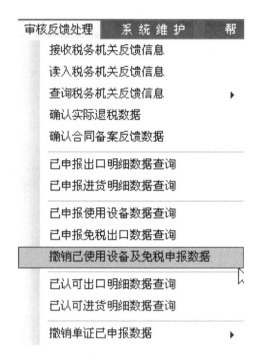

图9-24　系统界面

进入撤销时，可输入要撤销数据的所属期，点击"确认"按钮，具体如图9-25所示。

图9-25　系统界面

输入所属期后，点击"确认"按钮显示撤销数据列表，具体如图9-26所示。

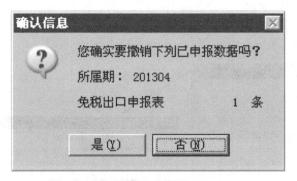

图9-26　系统界面

显示撤销数据后，点击"确认"按钮，提示显示本次申报数据撤销成功，具体如图9-27所示。

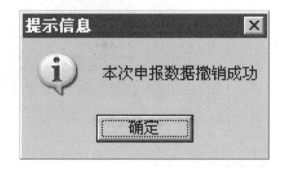

图9-27　系统界面

要点08：单证数据打印及申报流程

（一）打印单证申报数据

通过单击"退税正式申报"→"打印单证申报数据"进入单证打印界面，具体如图9-28所示。

图9-28　系统界面

在该界面中可以打印以下表格。

（1）进料加工免税证明申请表。

（2）来料加工免税证明申请表。

（3）来料加工免税证明核销申请表。

（4）出口货物转内销证明申请表。

（5）代理出口证明申请表。

（6）代理进口证明申请表。

（7）退运补税证明申请表。

（8）出口含金产品免税证明申请表。

（9）补报关单申请表。

（10）补核销单申请表。

（11）补代理出口证明申请表。

（二）生成单证申报数据

通过单击"退税正式申报"→"生成单证申报数据"进入"生成单证申报数据"界面，具体如图9-29所示。

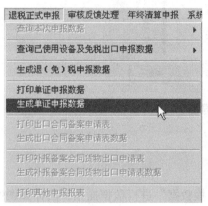
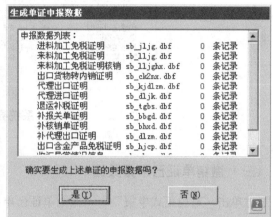

图9-29 系统界面

生成单证申报数据时，路径可自行设定。可选择本地申报和远程申报，选择本地申报时，企业须自定路径，具体如图9-30所示。

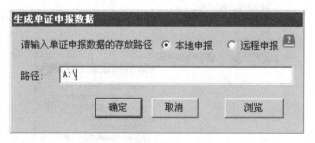

图9-30 系统界面

选择远程申报时，将文件生成到申报系统安装路径中的"out_port"文件夹中，压缩包的命名规则为"企业代码+dz（明细缩写）"。

申报成功后，系统会弹出"数据申报情况"信息框，具体如图9-31所示。

图9-31　系统界面

（三）撤销单证已申报数据

通过单击"退税正式申报"→"撤销单证已申报数据"进行数据撤销，具体如图9-32所示。

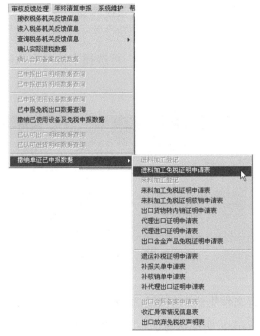

图9-32　系统界面

进入"进料加工免税证明申请表"中点击"撤销申报"按钮。

在撤销单证申报数据栏中选择撤销记录，可单选或多选，具体如图9-33所示。

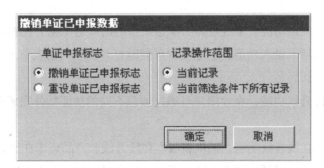

图9-33 系统界面

第二节 外贸企业出口退税申报系统14.0版操作注意事项

根据《国家税务总局关于出口企业申报出口货物退（免）税提供收汇资料有关问题的公告》（国家税务总局公告2013年第30号）、国家税务总局2013年第47号关于发布《适用增值税零税率应税服务退（免）税管理办法（暂行）》的公告、国家税务总局2013年第12号关于《出口货物劳务增值税和消费税管理办法》有关问题的公告、国家税务总局2012年第24号关于发布《出口货物劳务增值税和消费税管理办法》的公告、国家税务总局2013年第61号《关于调整出口退（免）税申报办法》的公告和国家税务总局2013年第65号《关于出口货物劳务增值税和消费税有关问题》的公告，及相应业务需求，国家税务总局对现行出口退税申报系统进行了升级调整。

要点01：出口退税申报系统全面升级到14.0版后的特点及新增内容

（一）新版功能特点

（1）系统可自动带出管理员登录用户名"sa"功能，无须企业用户另行输入。

（2）增加系统体检功能，全面检测出口退（免）税数据的健康状态。

（3）增加指标分析功能，纳税人在添加不同的分析指标后，可通过图形化方式完成对指标的分析。

（4）增加最新资讯功能，系统可即时推送最新的出口退（免）税相关信息。

（5）增加多选项卡录入功能，企业用户可同时打开多个明细表录入界面进行操作，方便电子数据的采集。

（6）增加插件升级功能，企业用户可通过加载不同的功能插件完成对申报系统辅助功能的扩展。

（7）完善系统在线升级功能，提供新版本在线升级和商品码库在线升级功能。

（8）安装现行出口退税申报系统时，须在可连接网络的计算机上操作。

（二）其他新增系统功能

其他新增系统功能如表9-8所示。

表9-8　其他新增系统功能

序号	新增功能
1	代码维护中新增"登记类型代码""行业类型代码""隶属关系代码""提供零税率应税服务代码""经营者类型代码""纳税人类别代码""享受优惠政策代码""退（免）税计算方法""单证种类代码"共计9个代码表
2	系统配置设置与修改，增加"是否申报收汇""申报收汇起始""申报收汇截止""放弃零税率""放弃零税率起""放弃零税率止"字段
3	增加退（免）税认定申请录入
4	增加退（免）税资格变更录入
5	增加出口退税业务提醒申请录入
6	增加放弃适用零税率声明录入
7	增加出口货物收汇申报录入（已认定）
8	增加出口不能收汇申报录入（已认定）
9	增加出口货物收汇申报录入（未认定）
10	增加出口不能收汇申报录入（未认定）

（续表）

序号	新增功能
11	增加出口信息不齐数据调整
12	增加出口信息查询申请录入
13	增加出口无电子信息申报录入
14	增加委托出口代理证明申请
15	增加委托出口代理证明申请
16	增加来料加工免税证明申请
17	增加来料加工免税证明核销申请
18	增加预计出口情况报告表
19	调整出口货物明细申报录入
20	调整免税出口货物劳务录入
21	调整国际运输明细申报录入
22	调整代理出口货物证明申请
23	针对资格认定申请业务需求，出口退税申报系统新增了对应的"生成资格认定相关数据"功能
24	针对出口货物收汇业务流程需求，将出口货物收汇申报数据（已认定）表的数据在"生成明细申报数据"中增加申报功能
25	针对出口信息查询业务流程需求，出口退税申报系统新增了对应的"生成信息申报数据"功能
26	针对新增的单证表单——"来料加工免税证明申请表""来料加工免税证明核销申请表"和"预计出口情况报告表"，系统就其数据在"生成单证申报数据"中增加申报功能
27	增加数据一致性检查项：（1）报关单收汇信息不存在；（2）出口报关单在本次申报中无对应出口数据
28	通过打开菜单"'反馈信息处理'税务机关反馈信息接收（读入）"将新增业务表反馈数据读入出口退税申报系统中，并可通过对应新增业务反馈表查询功能查看到反馈数据
29	撤销资格认定相关数据

（续表）

序号	新增功能
30	撤销出口货物收货数据
31	撤销已申报数据
32	撤销收汇申报数据（未认定）
33	撤销信息申报数据
34	撤销单证已申报数据

要点02：外贸企业出口退税申报系统14.0版的安装

找到"外贸企业出口退税申报系统14.0"安装文件双击，程序运行时会提示安装程序所需组件（已安装过该组件将不会有提示），单击安装，然后按步骤进行。

在一台计算机中，只能安装一个相同版本的出口退税申报系统。在安装出口退税申报系统时，建议关闭安全卫士、杀毒软件、防火墙等相关安全防护软件，因为安全防护软件等级过高会影响申报系统安装，或导致安装不成功。

要点03：第一次启动系统时的注意事项

申报系统在安装后，第一次启动需要输入用户名密码，用户名为sa（小写），密码为空。

（一）必须做好数据的备份及导入工作

外贸型出口企业在申报系统升级的过程中必须做好数据的备份及导入工作。

首先进入原申报系统（13.1），进入系统维护→系统数据备份→系统完整备份→点击"是"→备份完成时显示"系统已成功备份到""××××××××"注意记录该备份路径→确定。其次要在安装新的外贸企业出口退税申报系统14.0后，做好原申报系统备份数据的导入工作，在新的申报系统中点击"系统维护"→"系统备份数据导入→"选择备份数据路径"→"选择原备份时的"驱动器"→找到当时备份所记录的备份目录"××××××××"，然后在"修改导入数据序列"中选中"导入前清空数据库"和"同时更新企业配置信息"，点击"导入"→导入完毕后点击"确定"→点击"关闭"。导入完成后可通过"审核反馈处理"查询"已申报出口明细数据查询"等内容已导入的数据是否齐全。

（二）下载新的申报系统并安装导入备份数据后的注意事项

（1）外贸企业在新申报系统安装完成后核对以下配置："系统维护"→"系统配置"→"系统配置设置与修改"，核对企业基本信息是否正确，如有不符请修改。

（2）外贸企业在新申报系统安装完成后核对以下配置："系统维护"→"系统配置设置与修改"，点击进入后核对"分类管理代码"是否为自己的对应类别，如果是，不修改，如果不是，修改。

注意：此处的分类管理代码是指审核系统中，系统认定信息表中的分类管理代码。

要点04：外贸企业新增功能说明

（一）出口企业退（免）税资格认定流程

系统升级后，出口企业退（免）税资格认定和变更的流程如图9-34所示。

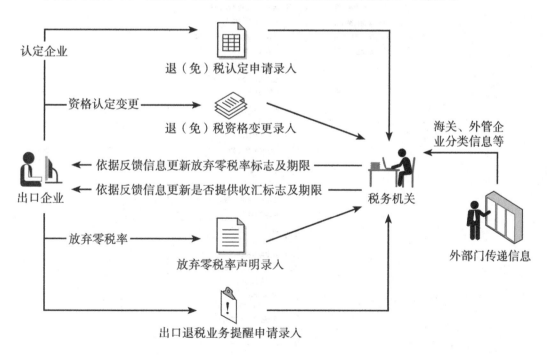

图9-34 出口企业退（免）税资格认定和变更流程

变化重点如下。

（1）调整"系统配置设置与修改"，新增加六个字段"是否申报收汇""申报收汇起始""申报收汇截止""放弃零税率""放弃零税率起"和"放弃零税率止"。

（2）增加"退（免）税资格认定申请表"及"退（免）税资格认定变更申请表"的采集、申报、反馈、打印、查询及撤销。

（3）增加"出口退税业务提醒申请表"的采集、申报、打印及撤销。

（4）增加"放弃适用零税率声明表"的采集、申报、反馈、打印、查询及撤销。

（二）代码维护部分新增说明

打开菜单"系统维护"→"代码维护"，新增"登记注册类型代码""行业归属代码""隶属关系代码""提供零税率应税服务代码""经营者类型代码""纳税人类别代码""享受优惠政策代码""退（免）税计算方法""单证种类代码"，共计九个代码。具体如图9-35所示。

图9-35 系统界面

新增代码主要是在企业录入"退（免）税资格认定申请表"及"退（免）税资格认定变更申请表"时使用。

（三）出口退税资格认定部分

（1）该版本的"系统配置设置与修改"中新增加六个字段，分别是"是否申报收汇""申报收汇起始""申报收汇截止""放弃零税率""放弃零税率起"和"放弃零税率止"，具体如图9-36所示。

企业代码:	2104888001	纳税人识别号:	11221122110000000001
企业名称:	外贸企业	中央外汇计划:	
退税指标:		关单备报月数:	
远期收汇天数:		计税计算方法:	2
开户银行码:		开户银行名称:	
银行帐号:		换汇成本检查:	是
进货足额检查:	2	是否预申报:	是
是否分部核算:	否	是否分部申报:	否
是否财务挂钩:	是	放弃免税标志:	否
放弃免税期至:		是否申报收汇:	否
申报收汇起始:		申报收汇截止:	
放弃零税率:	否	放弃零税率起:	
放弃零税率止:		申报系统版本:	14.0
审核系统版本:	12.00	退税机关代码:	
退税机关名称:		商品码版本:	CMCODE2013_20130201A

图9-36 系统界面

对新增的六项内容，出口企业不可自行修改，须通过读入税务机关的系统反馈自动更新相关标志。其中，"是否申报收汇""申报收汇起始""申报收汇截止"是依据国家税务总局2013年第30号公告中规定的须提供收汇资料九类企业的相关内容，通过审核系统预审反馈或全部反馈自动更新标志。"放弃零税率""放弃零税率起"和"放弃零税率止"是依据国家税务总局2013年第47号公告的相关规定，在申报系统中新增的"认定向导"→"放弃零税率声明录入"模块录入相关报表，在税务机关审核后，根据预审反馈或全部反馈信息自动更新相关标志。如果申报放弃零税率申请表，自备案次月1日起36个月内，该企业提供的零税率应税服务不得申报增值税退（免）税。

注意事项如下。

①当读入审核反馈信息数据后，如果是九类企业，则"是否收汇申报"由"F"变为"T"，同时更新"收汇日期起始"和"收汇日期截止"的时间。如果非九类企业，则这三个字段值不变。

②系统根据"放弃零税率"标志和"放弃零税率起""放弃零税率止"日期值，判断企业是否放弃零税率申报业务。

（2）增加"退（免）税资格认定申请表"及"退（免）税资格认定变更申请表"的采集、申报、反馈、打印、查询及撤销。根据国家税务总局公告2013年第12号公告的相关规定，此版本申报系统增加了"退（免）税资格认定申请"的相关模块，新认定或变更资格认定的出口企业除在系统配置中修改相关企业内容外，还须通过申报系统中新增的"认定向导"模块录入相关报表，生成电子信息并打印报表报送税务机关，具体如图9-37所示。

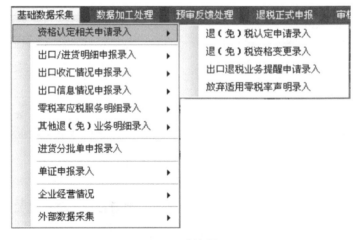

图9-37 系统界面

升级后，出口企业办理退（免）税资格认定的流程如下。

①整理税务机关要求报送的相关资料。

②下载安装出口退税申报系统。

③在申报系统中选择"系统维护"→"系统配置"→"系统配置设置与修改",配置出口企业相关信息。

④通过"基础数据采集"→"资格认定相关申请录入"→"退（免）税认定申请录入"录入企业退（免）税资格认定相关内容。

⑤如企业需要税务机关的出口退税业务提醒,则选择"出口退税业务提醒申请录入",录入相关信息。

⑥如企业有放弃适用零税率的零税率应税服务,则选择"放弃适用零税率声明录入",录入相关内容。

⑦根据申报系统操作向导的"认定向导"模块,生成资格认定电子信息并打印资格认定报表,将认定电子信息及报表随税务机关要求提供的其他资料一同报送税务机关。向导如图9-38所示。

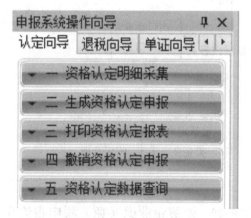

图9-38 系统界面

出口企业的退（免）税资格认定变更流程与此类似,不再赘述。

（四）外贸企业退（免）税申报流程

系统升级后,外贸企业退（免）税申报的具体流程如图9-39所示。

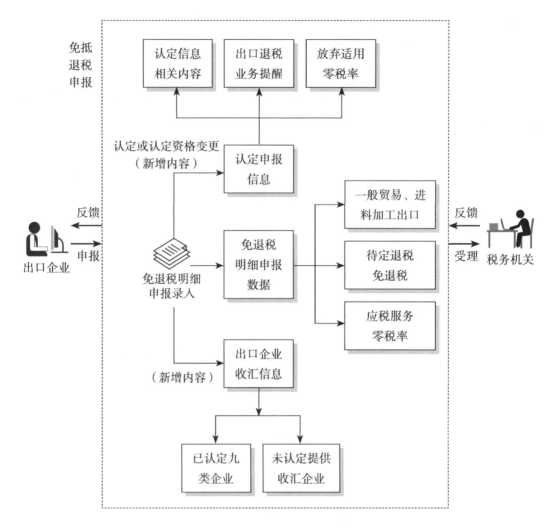

图9-39　外贸企业退（免）税申报流程

（1）增加出口货物收汇情况申报相关表的采集、申报、反馈、打印、查询及撤销。系统新增了收汇情况的四个录入模块，具体如图9-40所示。

基础数据采集　数据加工处理　预

- 资格认定相关申请录入　▶
- 出口/进货明细申报录入　▶
- 出口收汇情况申报录入　▶　　出口货物收汇申报录入（已认定）
- 出口信息情况申报录入　▶　　出口不能收汇申报录入（已认定）
- 零税率应税服务明细录入　▶　　出口货物收汇申报录入（未认定）
- 其他退（免）业务明细录入　▶　　出口不能收汇申报录入（未认定）
- 进货分批单申报录入
- 单证申报录入　▶
- 企业经营情况　▶
- 外部数据采集　▶

图9-40　系统界面

根据国家税务总局2013年第30号公告的相关规定，无论出口企业是否为九类提供收汇单证的企业均应在退税申报期截止之日（每年的4月申报期）内收汇（跨境贸易人民币结算的为收取人民币，下同），九类企业还应按规定提供收汇资料。

①"××××（已认定）"：须提供收汇资料的九类企业退（免）税申报时录入的出口收汇信息。

②"××××（未认定）"：在税务机关要求非九类企业提供出口收汇信息时录入。即如税务机关要求无须提供收汇资料的非九类企业提供当月申报退税货物劳务的收汇资料时，通过该模块录入，否则无须录入。

注意：出口企业申报时，"数据加工处理"→"生成预申报数据"菜单，增加了"出口收汇申报（已认定）"。如果是九类企业，则系统会自动带出登录系统的所属期和批次，并可编辑，具体如图9-41所示。

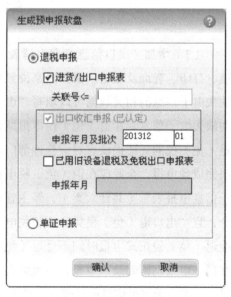

图9-41　系统界面

（2）增加"零税率出口明细申报录入"和"零税率进货明细申报录入"，根据国家税务总局2013年第47号公告的相关规定，系统增加了"零税率出口明细申报录入"和"零税率进货明细申报录入"模块，具体如图9-42所示。

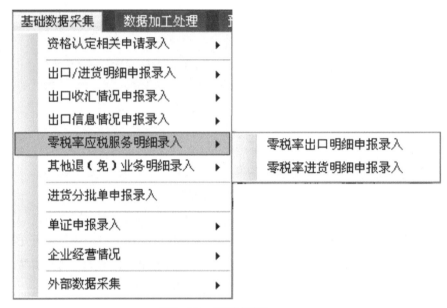

图9-42　系统界面

（3）增加"出口信息查询申请表"和"出口无电子信息申报表"的采集、申报、反馈、打印、查询及撤销。根据国家税务总局2013年第61号公告的相关规定，出口企业对于缺失电子信息的相关数据可以填写"出口信息查询申请表"（共计六类），向税务机关查询缺失电子信息。在退（免）税申报期截止之日前，如果企业出口的货物劳务及服务申报退（免）税的凭证仍没有对应管理部门电子信息，或凭证的内容与电子信息比对不符，无法完成预申报，企业应在退（免）税申报期截止之日前，向主管税务机关报送"出口无电子信息申报表"（共计六类），经主管税务机关核实，企业报送的退（免）税凭证资料齐全，且"出口退（免）税凭证无相关电子信息申报表"及其电子数据与凭证内容一致，企业退（免）税正式申报时间不受退（免）税申报期截止之日限制。注意：两类表单既可以在同一申报期同时录入申报，也可以先录入"出口信息查询申请表"，在确认无信息后再录入"出口无电子信息申报表"，具体如图9-43所示。

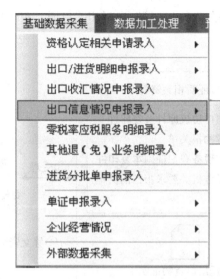

图9-43　系统界面

出口企业申报后，导出文件报送税务机关进行预审，预审后读入反馈信息进行处理。在正式申报环节，系统增加了信息申报模块，具体如图9-44所示。

（4）增加"委托出口货物证明申请表"的采集、申报、反馈、打印、查询及撤销。依据国家税务总局2013年第65号公告的相关规定，委托出口的货物，委托方应自货物报关出口之日起至次年3月15日前，凭委托代理出口协议（复印件）向主管税务机关报送《委托出口货物证明》及其电子数据。主管税务机关审核委托代理出口协议后在《委托出口货物证明》上签章。受托方申请开具《代理出口货物证明》时，应提供规定的凭证资料及有委托方主管税务机关签章的《委托出口货物证明》。

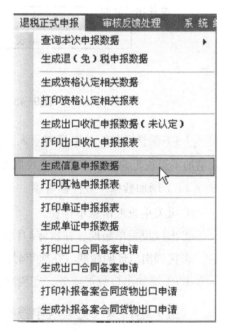

图9-44　系统界面

263

出口企业委托出口开具代理证明应通过"单证向导"申报相关单证，系统升级后申请开具代理证明，具体流程如图9-45所示。

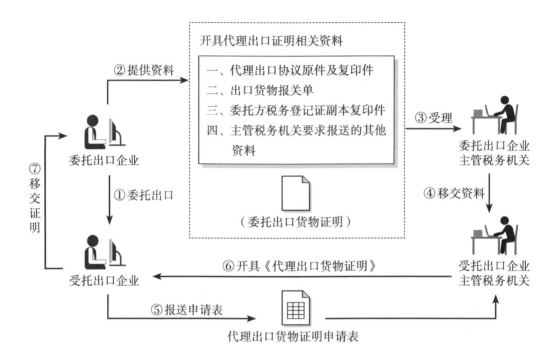

图9-45 申请开具代理证明流程

（5）调整退税汇总申报表录入。根据国家税务总局2013年第47号公告的相关规定，系统增加了退税汇总表的零税率应税服务的相关字段。

（6）增加数据一致性检查项。

①报关单收汇信息不存在。

②出口报关单超期。在次年4月纳税申报期未申报，在5月纳税申报期可按免税申报。

③代理出口证明超期。在次年4月纳税申报期未申报，在5月纳税申报期可按免税申报。

（7）增加出口收汇业务、零税率业务、出口信息查询业务及单证业务相关疑点。

（五）出口退（免）税申报操作

1. 新增生成资格认定相关数据

针对资格认定申请业务需求，出口退税申报系统新增了对应的"生成资格认定相关数据"功能，具体如图9-46所示。

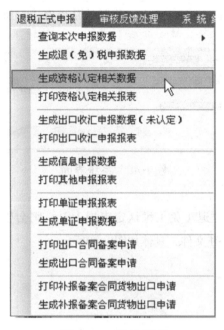

图9-46 系统界面

"生成资格认定相关数据"的操作步骤同"生成明细申报数据",生成的文件内只包含资格认定申请业务的相关新增表数据,具体如图9-47所示。

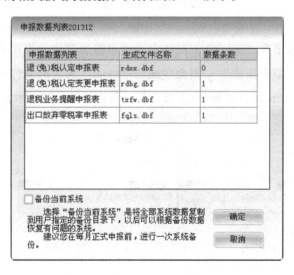

图9-47 系统界面

申报数据路径如果选择"本地申报",则默认路径为"C:\所属期+ZGRD\",具体如图9-48所示。

图9-48　系统界面

生成的数据中如果有"退（免）税认定申报表",则会生成以"rdxx"为名的文件夹。此文件夹中包含rdxx.DBF文件,具体如图9-49所示。

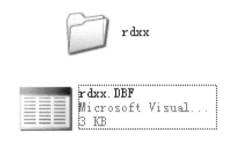

图9-49　系统界面

生成的数据中如果有"退（免）税认定变更申报表"或"退税业务提醒申报表"或"出口货物放弃零税率申报表",则会生成以"xgsq"为名的文件夹。此文件夹中包含cpinfo.DBF、fqls.DBF、rdbg.DBF和txfw.DBF文件,具体如图9-50所示。

图9-50　系统界面

2. 生成明细申报数据

针对出口货物收汇业务流程需求，将"出口货物收汇申报数据（已认定）表"的数据在"生成退（免）税申报数据"中增加申报功能，具体如图9-51所示。

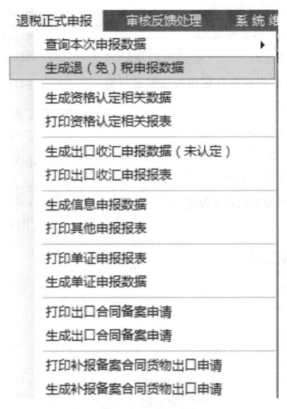

退税正式申报　　审核反馈处理　　系 统 组

　　查询本次申报数据　　　　　　　　▶
　　生成退（免）税申报数据

　　生成资格认定相关数据
　　打印资格认定相关报表

　　生成出口收汇申报数据（未认定）
　　打印出口收汇申报报表

　　生成信息申报数据
　　打印其他申报报表

　　打印单证申报报表
　　生成单证申报数据

　　打印出口合同备案申请
　　生成出口合同备案申请

　　打印补报备案合同货物出口申请
　　生成补报备案合同货物出口申请

图9-51　系统界面

对需要提供出口收汇资料的九类出口企业，外汇申报数据将在申报免抵退税明细申报数据时与其他申报数据一起生成。无须在申报时提供出口收汇单证的非九类出口企业，则须通过"生成申报收汇数据（未认定）"模块生成相关出口收汇申报数据。也就是说，对于税务机关要求提供当月出口货物劳务申报数据收汇资料的非九类企业，申报退（免）税时应生成两次申报，分别为"生成明细申报数据"和"生成收汇申报数据（未认定）"，进行收汇申报数据（未认定）申报时，数据路径如果选择"本地申报"，则默认路径为"C:\所属期+SH\"。

3．撤销申报数据

出口企业申报数据如果出现错误，可以在撤销申报后进行修改。系统升级后，根据申报数据的不同撤销申报数据分为以下五种类型。

（1）出口企业认定信息的撤销

通过"审核反馈处理"→"撤销资格认定相关数据"菜单，对已申报资格认定相关数据进行撤销，具体如图9-52所示。

（2）撤销已申报收汇数据

通过"审核反馈处理"→"已申报明细数据查询"→"出口收汇情况申报数据"→"撤销出口收汇申报数据"菜单，对已申报收汇数据进行撤销，具体如图9-53所示。

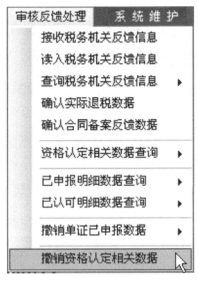

图9-52　系统界面

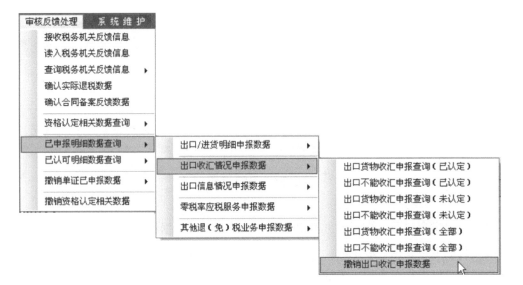

图9-53　系统界面

（3）撤销信息申报数据

对企业申报的"出口信息查询申请表"和"出口无电子信息申报表"，通过"审核反馈处理"→"已申报明细数据查询"→"出口信息情况申报数据"→"撤销信息申报数据"菜单，对已申报信息数据进行撤销，具体如图9-54所示。

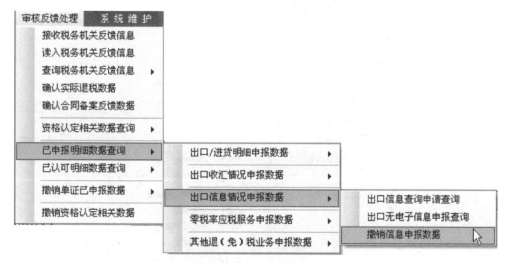

图9-54　系统界面

（4）撤销明细申报数据

通过"退税正式申报"→"查询本次申报数据"→"撤销本次申报数据"菜单，对已申报明细数据进行撤销，具体如图9-55所示。

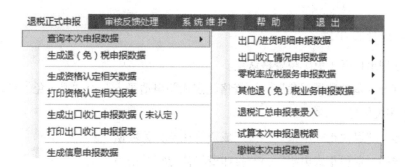

图9-55　系统界面

（5）撤销单证申报数据

通过"审核反馈处理"→"撤销单证已申报数据"菜单，找到对应单证表单进入界面后点击"撤销申报"按钮进行撤销，具体如图9-56所示。

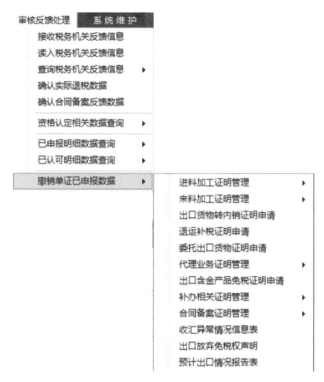

图9-56　系统界面

（六）操作性小结

1. 新办理出口退（免）税资格认定

（1）打开"基础数据采集"→"资格认定相关申请录入"→"退（免）税认定申请录入"，录入相关信息。

（2）选择"退税正式申报"→"生成资格认定相关数据"。

（3）选择"退税正式申报"→"打印资格认定相关报表"。

（4）如出现错误，点击"审核反馈处理"→"撤销资格认定相关数据"。

（5）报送电子信息及相关报表至税务机关。

2. 变更出口退（免）税资格认定

（1）打开"基础数据采集"→"资格认定相关申请录入"→"退（免）税资格变更录入"，录入相关信息。

（2）选择"退税正式申报"→"生成资格认定相关数据"。

（3）选择"退税正式申报"→"打印资格认定相关报表"。

（4）如出现错误，点击"审核反馈处理"→"撤销资格认定相关数据"。

（5）报送电子信息及相关报表至税务机关。

3．退（免）税申报

（1）打开"退税申报向导"→"退税申报数据录入"。

①进入"出口/进货明细申报数据录入"模块录入相关内容，录入完毕后点击"数据分解"按钮，数据将自动拆分至"出口明细申报数据录入"和"出口明细申报数据录入"模块，具体如图9-57所示。

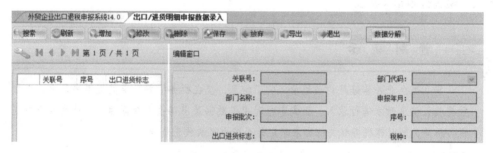

图9-57 系统界面

②根据企业是否需要提供收汇资料，在"出口货物收汇申报录入（已认定）"或"出口货物收汇申报录入（未认定）"模块中录入出口收汇数据。

（2）打开"退税申报向导"→"退税申报数据检查"，检测申报数据的准确性。

（3）打开"退税申报向导"→"生成预申报数据"，选择"生成预申报数据"模块生成免抵退税预申报信息并报送税务机关进行预审。

（4）打开"退税申报向导"→"预审信息处理"。

①读入企业预审反馈数据并进行预审反馈处理，通过"退（免）税预审信息处理"模块查询申报数据疑点。

②修改申报数据后，进入"退税申报向导"→"生成预申报数据"，选择"生成预申报数据"模块再次生成申报数据进行预审，重复①、②步骤，直至确认申报数据准确。

（5）打开"退税申报向导"→"确认正式申报数据"，选择"确认正式申报数据"模块。

①如发现申报数据错误可通过"撤销本次申报数据"撤销正式申报数据。

②通过"出口明细申报数据查询"和"进货明细申报数据查询"模块打印申报表。

（6）打开"退税申报向导"→"生成正式申报数据"。

①选择"退税汇总申报表录入"模块，录入退税汇总表相关内容并打印报表。

②对于不需要提供收汇资料的非九类企业，选择"生成收汇申报数据（未认定）"模块生成出口收汇明细申报数据。如发现错误可通过"菜单"→"审核反馈数据处理"→"已申报明细数据查询"→"出口收汇情况申报数据"→"撤销出口收汇申报数据"，对已申报收汇数据撤销申报，调整后重新生成。确认无误后选择"打印出口收汇申报报表"模块打印相关报表。

特别提示

　　非九类企业并非每月均必须录入收汇信息，仅在税务机关要求其提供当月出口申报数据收汇信息时才进行录入。正式申报时申报数据及出口收汇数据两个文件夹均应报送税务机关，同时视税务机关的要求确定是否提供纸质收汇资料。

（7）打开"退税申报向导"→"已申报数据确认"，读入税务机关的正式反馈信息。

（8）打开"退税申报向导"→"已申报数据确认"，选择"确认实际退税数据"模块确认实际退税金额。

第三节　外贸企业出口退税申报系统15.0版操作注意事项

　　为落实营业税改征增值税关于应税服务适用增值税零税率的政策规定，经财政部同意，国家税务总局制发了《国家税务总局关于发布<适用增值税零税率应税服务退（免）税管理办法>的公告》（2014年第11号公告），对现行出口退税申报系统进行对应升级调整。

出口退税申报系统全面升级15.0版后的特点及新增内容，如下所示。

要点01：基础数据采集

（一）调整退（免）税认定申请录入

打开"基础数据采集→资格认定相关申请录入→退（免）税认定申请录入"（见图9-58）。

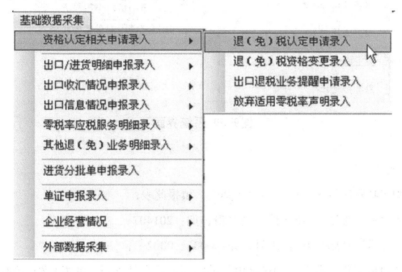

图9-58　系统界面

（1）调整"应税服务代码"：填列内容改为01-国际运输；港澳台运输；02-研发设计；03-航天运输。

（2）增加"运输方式代码"：当应税服务代码包含01-国际运输、港澳台运输时要求填报本项，运输方式包括01-铁路运输、02-航空运输、03-租赁服务。

（二）增加购进自用货物申报录入

打开"基础数据采集→其他退（免）业务明细录入→购进自用货物申报录入"（见图9-59）。

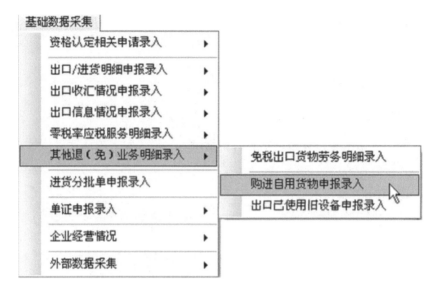

图9-59 系统界面

填表说明：

（1）购买特殊区域内水电气的生产企业，填报此表；

（2）所属期"规则：4位年份+2位月份，如：201407；

（3）"序号"规则：4位流水号，如：0001、0002…；

（4）"自用货物名称"：购进水电气的填写购进具体项目，研发机构采购国产设备的填写采购国产设备名称；

（5）"专用发票号码"：填写增值税专用发票代码加发票号码；

（6）"单位"：按照增值税专用发票内容填写；

（7）"数量"：按照增值税专用发票内容填写；

（8）"单价"：按照增值税专用发票内容填写；

（9）"计税金额"：按照增值税专用发票内容填写；

（10）"征税率"：按照增值税专用发票内容填写；

（11）"税额"：按照增值税专用发票内容填写；

（12）"业务类型代码"：购进水电气的填写"SDQ"，研发机构采购国产设备的填写"NZYFJG"或"WZYFJG"。

要点02：数据加工处理

生成预申报数据。打开"数据加工处理→生成预申报数据"，增加了"购进自用货物申报"生成窗口（见图9-60）。

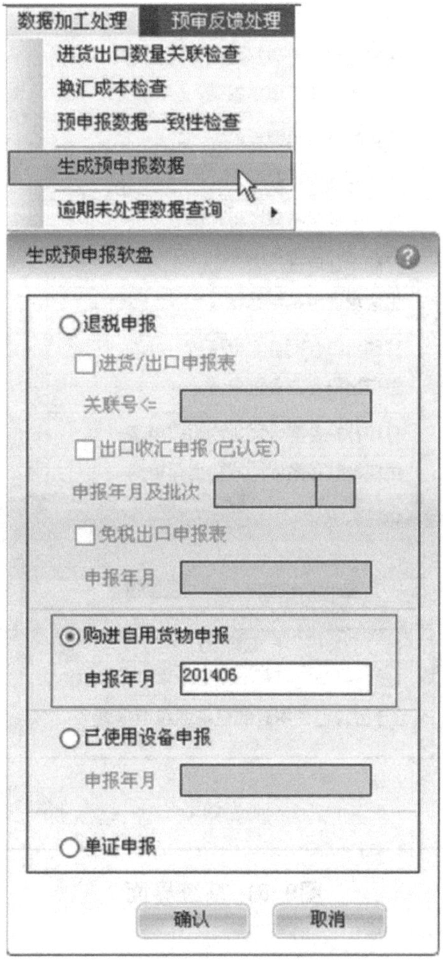

图9-60　系统界面

要点03：退税正式申报

生成其他申报数据。根据业务需求，在"生成其他申报数据"中增加"购进自用货物退税申报表"的数据申报功能（见图9-61）。

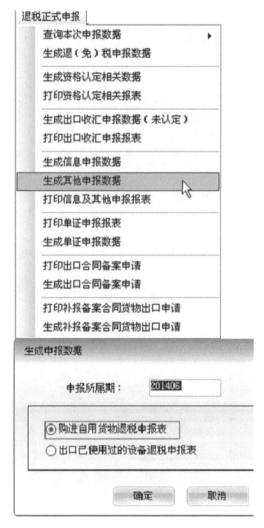

图9-61 系统界面

要点04：打印信息及其他申报报表

购进自用货物表打印。打开"退税正式申报→打印信息及其他申报报表"，选择购进自用货物退税申报表（见图9-62）。

查询本次申报数据　　　　▶
生成退（免）税申报数据
生成资格认定相关数据
打印资格认定相关报表
生成出口收汇申报数据（未认定）
打印出口收汇申报报表
生成信息申报数据
生成其他申报数据
打印信息及其他申报报表
打印单证申报报表
生成单证申报数据
打印出口合同备案申请
生成出口合同备案申请
打印补报备案合同货物出口申请
生成补报备案合同货物出口申请

打印信息及其他申报报表

打印所属期　201406　　　打印批次　　　　

○ 出口货物备案单证目录表

○ 出口企业信息查询申请表

○ 出口退（免）税凭证无相关电子信息申报表

◉ 购进自用货物退税申报表

○ 出口已使用过的设备退税申报表

确定　　　取消

购进自用货物退税申报表

海关企业代码：1111112345

纳税人名称：（公章）外贸企业

纳税人识别号：2102000000000000

所属期：2014年年06月　　　金额单位：元至角分

序号	购进自用货物名称	购进自用货物增值税专用发票内容							申报退税额	付款凭证号码	业务类型	备注
		增值税专用发票号码	数量	单位	单价	计税金额	税额	征税税率				
1	2	3	4	5	6	7	8	9	10＝7×9	11	12	13

（续表）

小计												
合计												

企业申报声明：	主管税务机关：
兹声明以上申报无讹并愿意承担一切法律责任。 经办人： 财务负责人： 法定代表人（负责人）：　　　　　年　月　日	经办人： 复核人：　　　　　　　　　　（公章） 负责人：　　　　　　　　　年　月　日

图9-62　系统界面

第十章　外贸企业出口退（免）税凭证管理

外贸企业在一般贸易出口业务运作过程中，相继取得供货方开具的增值税专用发票、供货方所在地税务机关开具的税收（出口货物专用）缴款书（简称"专用税票"）、出口货物报关单（出口退税联）等票证，即"一单两票"。"一单两票"是办理出口退税的重要凭据。此外，外贸企业申报出口退税还需要根据主管退税机关审核的要求，相应提供商品专用发票、出口货物销售账复印件、出口货物付款凭证复印件等资料。

第一节　外贸出口退税申报系统V13.0版的使用说明

要点01：增值税专用发票（抵扣联）

具体参阅本书第六章的相关内容。

要点02：出口货物报关单（出口退税联）

具体参阅本书第六章的相关内容。

要点03：税收（出口货物专用）缴款书

缴款书简称"专用税票"（一式六联），由供货方所在地的主管税务机关填开，经供货方开户银行办理转账缴款手续后，由供货方将第二联（收据乙）转交给购货方用于申报出口退税。申请退消费税的企业，还应提供由供货方所在地主管税务机关开具的"出口货物消费税专用税票"。外贸企业在取得上述税票时应注意如下事项。

（一）印章齐全

专用税票必须套印"国家税务总局税收票证监制章"，加盖税务机关"征收专用章"、供货方开户银行收讫章、供货单位企业印章。

（二）格式规范

各栏目填写齐全、准确，与增值税发票相对应的项目必须一致。

（三）开具要求

一份专用税票对应的增值税专用发票份数不得超过5份。

要点04：海关进口增值税专用缴款书

具体参阅本书第六章的相关内容。

要点05：其他资料

根据外贸企业出口业务不同的情况，按照有关要求还需要提供其他资料。

（1）外贸企业开展代理出口业务的，申报退税时必须提供受托方主管出口退税机关开具的代理出口货物证明。

（2）外贸企业将出口货物分批出口并分批申报，并涉及使用同一张增值税专用发票的，外贸企业在第二批申报时必须提供经主管退税机关审核确认的"增值税专用发票结转情况表"及增值税专用发票复印件。

（3）外贸企业从其他出口企业调拨货物出口的，在申报退税时还须提供销货方所在地主管税务机关出具的"出口货物完税分割单"。

第二节 出口退（免）税中特殊业务的办理

要点01：委托加工

申报退税的增值税专用发票的加工费应包含原材料金额，统一按出口货物的退税率退税。

外贸企业应将加工修理修配使用的原材料（进料加工海关保税进口料件除外）作价销售给受托加工修理修配的生产企业，受托加工修理修配的生产企业应将原材料成本加入加工修理修配费用并开具发票。

要点02：代理出口货物证明

对委托出口的货物，受托方须自货物报关出口之日起至次年4月15日前，向主管税务机关申请开具《代理出口货物证明》（见表10-1），并及时转交委托方。逾期的，受托方不得申报开具此证明。

表10-1 代理出口货物证明

编号：

受托企业名称（公章）			委托企业名称		
受托企业代码			委托企业纳税人识别号		
报关单号	出口日期	核销单号	贸易方式	出口商品代码	出口商品名称	计量单位	数量	币别	离岸价格	委托（代理）出口合同号

（续表）

主管出口退税税务机关审核意见		
经办人：	复核人：	负责人：
年　月　日	年　月　日	年　月　日

申请开具代理出口货物证明时应填报"代理出口货物证明申请表"（见表10-2），提供正式申报电子数据及下列资料。

（1）代理出口协议原件及复印件。

（2）出口货物报关单。

（3）委托方税务登记证副本复印件。

（4）主管税务机关要求报送的其他资料。

表10-2　代理出口货物证明申请表

海关企业代码：

纳税人名称：　　　　　　　　　　　　　　（公章）

纳税人识别号：　　　　　　　　　　　　　金额单位：美元

序号	编号	委托方纳税人名称	委托方纳税人识别号	出口货物报关单号	出口收汇核销单号	贸易方式	出口商品代码	出口商品名称	计量单位	出口数量	成交币制	成交总价	美元离岸价	委托（代理）协议合同号	核销单证不齐标志	备注
1	2	3	4	5	6	7	8	9	10	11	12	13	14	15	16	17

填表说明：

1. 成交总价、成交币制按照出口货物报关单上的填写

2. 如果同一编号，可以打印到同一代理出口货物证明纸质凭证中

经办人：　　　　　　　　　　　　　　　财务负责人：

法人代表（负责人）：　　　　　　　　　填表日期：　　　年　月　日

受托方被停止退（免）税资格的，不得申请开具代理出口货物证明。

要点03：出口退税进货分批申报单

外贸企业购进货物需要分批申报退（免）税的及生产企业购进非自产应税消费品需要分批申报消费税退税的，应填报下列资料并向主管税务机关申请开具《出口退税进货分批申报单》（见表10-3）。

（1）增值税专用发票（抵扣联）、消费税专用缴款书、已开具过的进货分批申报单。

（2）增值税专用发票清单复印件。

（3）主管税务机关要求提供的其他资料及正式申报电子数据。

表10-3　出口退税进货分批申报单

海关企业代码：

纳税人名称：　　（公章）

纳税人识别号：　　　　　　　　　　　　　　　　金额单位：元至角分

进货凭证号					开票日期		分批次数		税种	增值税（　）	
										消费税（　）	
项号	商品代码	商品名称	计量单位		上次结余		本次申报		本次结余		征税率
					数量	税额	数量	税额	数量	税额	
本次结余（税额）（大写）										备注	
外贸企业				主管税务机关							
经办人：				经办人：							
财务负责人：　　（章）											
法定代表人（负责人）：　　年　月　日				年　月　日							

注：第一联：外贸企业退税凭证或分割凭证；第二联：税务机关留存备查。

要点04：出口货物转内销证明

（一）开具的情况

外贸企业发生原记入出口库存账的出口货物转内销或视同内销货物征税的，以及已申报退（免）税的出口货物发生退运并转内销的。

（二）开具的时间

外贸企业应于发生内销或视同货物内销的当月向主管税务机关申请开具出口货物转内销证明。

（三）开具需要的资料

申请开具出口货物转内销证明时，应填报"出口货物转内销证明申报表"（见表10-4），提供正式申报电子数据及下列资料。

（1）增值税专用发票（抵扣联）、海关进口增值税专用缴款书、进货分批申报单、出口货物退运已补税（未退税）证明原件及复印件。

（2）内销货物发票（记账联）原件及复印件。

（3）主管税务机关要求报送的其他资料。

表10-4　出口货物转内销证明申报表

海关企业代码：

纳税人名称（公章）：

纳税人识别号：　　　　　　　　　　　　　　　　　　　　　　　　金额单位：元至角分

序号	购货情况							内销情况			可抵扣税额
	原购货凭证号	开票日期	商品名称	数量	金额	征税率	税额	销货发票号	开票日期	转内销数量	
1	2	3	4	5	6	7	8	9	10	11	12

（续表）

填表说明：
1．可抵扣税额＝税额÷数量×转内销数量
2．视同内销征税的情况销货发票号和开票日期不填

经办人：　　　财务负责人：　　　企业负责人：　　　填表日期：　　年　　月　　日

（四）开具证明后的操作流程

外贸企业应在取得出口货物转内销证明的下一个增值税纳税申报期内申报纳税时，以此作为进项税额的抵扣凭证使用。

外贸企业取得证明后，应将证明允许抵扣的进项税额填写在"增值税纳税申报表"附表二第11栏"税额"中。

 特 别 提 示

对已办理过退税或抵扣的进项发票，外贸企业不得向税务机关申请开具证明。外贸企业如将已办理过退税或抵扣的进项发票向税务机关申请开具证明，税务机关经查实后要按照增值税现行有关规定进行处罚，对情节严重的要移交公安部门处理。

要点05：出口货物退运已补税（未退税）证明

具体参阅本书第六章的相关内容。

要点06：补办出口报关单证明

具体参阅本书第六章的相关内容。

要点07：出口退税账户托管贷款

出口退税账户托管贷款，是指商业银行为解决出口企业退税未能及时到账而出现短期资金困难，在对企业出口退税账户进行托管的前提下，向出口企业提供的以退税应收款作为还款保证的短期流动资金贷款。贷款期限一般为3个月。

如果外贸企业需要对退税开户银行账户进行托管，须提交申请账户托管的书面申请报告，申请报告上须注明企业名称、海关代码、退税开户银行及账户，由法人代表亲笔签名或签章，并加盖企业公章。

企业须携带申请报告及退税资料文本到免税认定窗口办理。

企业在正式申报退税单证后，凭汇总申报表复印件及退税资料文本复印件开具质押贷款证明。

要点08：单证备案

具体参阅本书第六章的相关内容。

第十一章　外贸企业出口退税会计核算与财务处理

··

　　同生产企业一样，外贸企业也应该对出口退（免）税加以计算，并在会计上按照相关的会计法规进行核算，设置会计科目，建立会计账簿。

··

第一节　外贸企业出口退税的计算

要点01：外贸企业出口应税增值税的计算

外贸企业出口货物劳务增值税免退税，依下列公式计算。

（1）外贸企业出口委托加工修理修配货物以外的货物

$$增值税应退税额=增值税退（免）税计税依据×出口货物退税率$$

（2）外贸企业出口委托加工修理修配货物

$$出口委托加工修理修配货物的增值税应退税额=委托加工修理修配的增值税退（免）税计税依据×出口货物退税率$$

要点02：外贸企业出口应税消费品应退税的计算

　　外贸企业收购应税消费品出口，除退还其已纳的增值税外，还应退还其已纳的消费税。消费税的退税办法分别依据该消费税的征税办法确定，即退还消费品在生产环节实际缴纳的消费税。计算公式分别为：

（一）实行从价定率征收办法

$$应退消费税=购进出口货物的进货金额×消费税税率$$

（二）实行从量定额征收办法

$$应退消费税=出口数量×单位税额$$

（三）实行复合计税方法

$$应退消费税=出口数量×定额税率＋出口销售额×比例税率$$

外贸企业委托加工收回的应税消费品出口，其应退消费税按上述公式计算确定，在同一关联号内出口及进货均不结余。

第二节　外贸企业出口退税有关账务处理

按照《出口货物退（免）税管理办法》的规定，出口企业出口的货物必须进行财务处理才能办理退税。

要点01：外贸企业涉及出口退税的主要明细账

外贸企业办理出口退税必须设置的明细账有库存出口商品账、自营出口销售账、应收（付）外汇账款明细账、应交税金（增值税）明细账等。

（一）库存出口商品账

库存出口商品账是核算企业盈亏情况的重要账册，是按商品代码、商品品名、记载数量、金额等设置的明细账，以购进的出口货物增值税专用发票为做账依据。商品必须严格按照实际应付的全部款项扣除增值税专用发票上注明的增值税税款，作为该商品的进价成本。在货物购进入库时，按照相应的会计分录，在出口商品库存账各栏目逐栏记录。

（二）自营出口销售账

自营出口销售账是核算出口销售的重要依据，必须严格按制度规定（向银行办理交单的口径）核算销售收入。自营出口销售账是按商品代码、商品品名、销售成本、销售收入、金额等设置的。以出口企业开具的出口销售发票为做账依据。在货物报关出口后，必须及时做自营出口销售账。自营出口销售账的贷方反映收入部分，外币金额栏反映出口销售发票的外币金额，折美元金额栏反映美元金额数，人民币金额栏反映出口发票外币金额乘以当日外汇人民币牌价计算的销售收入，此销售收入与实际收汇后用结汇水单上的外汇人民币牌价计算的销售收入之差在"汇兑损益"科目反映，国外发生的运保费冲减自营出口销售收入。自营出口销售账的借方记出口货物的销售成本，进价栏反映不含税金额，费用栏为国内发生的出口费用，余额部分借为亏损，贷为毛利。

（三）应收（应付）外汇账款明细账

应收（应付）外汇账款明细账记载企业应收或应付国外客户的出口货款、进口货款、佣金等结算款项，以出口销售发票上所列的出口销售金额为做账依据，按不同的会计科目反映，如自营出口、自营进口、代理出口、代理进口。收汇、付汇商品种类较多的企业，还可根据合同号或发票号或客户再分设子目。借方记载企业应收或应付外汇及按汇率折合人民币的金额；贷方记载企业实际收取的外汇及按汇率折合人民币的金额；余额部分借代表企业未收的外汇，贷为企业多收的外汇。

（四）应交税金（增值税）明细账

外贸企业设置应交税金（增值税）明细账反映增值税核算缴纳情况，以购进出口货物的增值税专用发票为做账依据。外贸企业在"应交税费"科目下设置应交增值税明细科目。在应交增值税明细账中设置进项税额、已交税金、销项税额，出口退税、进项税额转出栏目，分别记载有关金额。应交增值税明细账各专栏的记载内容如下。

（1）企业购入货物准予从销项税额中抵扣的增值税，按照增值税专用发票上注明的增值税记入"进项税额"栏，进口货物缴纳的增值税也记入"进项税额"栏。

（2）企业按规定已缴纳的增值税记入"已交税金"栏。

（3）企业内销货物的增值税记入"销项税额"栏。

（4）出口企业外销货物适应零税率，不记销项税金，并向税务机关申请退还出口货物的进项税，收到退税款后记入"出口退税"栏。

（5）"进项税额转出"栏反映以出口企业计税金额乘以征、退税率之差计算的不予退税部分。

（6）应交增值税明细账期末借方余额，反映出口企业多交或尚未抵扣或出口未退税的增值税；期末贷方余额，反映出口企业尚未缴纳的增值税。

要点02：出口退税的会计分录

外贸企业从货物购进、出口到收到应退税款，必须完成以下会计分录。

（一）购进出口货物时

根据《企业会计准则》的规定，库存商品应当按照成本进行初始计量，存货成本包括采购成本、加工成本和其他成本。存货的采购成本包括购买价款、相关税费、运输费、装卸费、保险费以及其他可归属于存货采购成本的费用。

库存商品验收入库时，企业应编制如下会计分录：

借：库存商品

　　应交税费——应交增值税（进项税额）

　贷：银行存款或应付账款等科目

（二）销售出口货物业务的账务处理

销售出口货物业务的账务处理如表11-1所示。

表11-1　销售出口货物业务的账务处理

序号	业务	账务处理
1	商品出口	借：应收账款——××客户 　贷：主营业务收入——出口收入
2	结转销售成本	借：主营业务成本——出口 　贷：库存商品
3	出口收汇	借：银行存款——人民币结算户 　　财务费——汇兑损益 　贷：应收账款——××客户

　　银行收到出口企业全套出口单证经审核无误后，即按规定向国外银行办理收汇或托收手续。银行在收受外汇后，即按当日现汇买入价折合人民币，开具结汇水单将人民币转入出口企业账户。

要点03：出口货物退税的账务处理

外贸企业将出口货物的退税凭证（主要有出口货物报关单、出口发票、收汇核销单、增值税专用发票、出口货物增值税、消费税缴款书等，下同）收齐，并按要求装订成册，在填列"出口货物退（免）税申报表"后，按期向主管税务机关申报退税。

（一）申报出口退税

外贸企业申报出口退税时，应根据购进出口货物增值税专用发票注明的金额或出口货物增值税专用缴款书上注明的金额和按出口货物的退税率计算申报的应退增值税，以及"出口货物消费税专用缴款书"上注明的税款确定应退的消费税后，编制如下会计分录：

借：其他应收款——应收出口退税——增值税

　　其他应收款——应收出口退税——消费税

　贷：应交税费——应交增值税（出口退税）

　　　主营业务成本（消费税）

（二）申报出口货物退税手续后

出口企业申报出口货物退税手续后，应根据出口货物购进金额和出口货物征税率与退税率之差，计算出口货物不得退税的税额，同时编制如下会计分录：

借：主营业务成本

　贷：应交税费——应交增值税（进项税额转出）

（三）实际收到退税款

实际收到退税款时，企业应编制如下会计分录：

借：银行存款

贷：其他应收款——应收出口退税——增值税

其他应收款——应收出口退税——消费税

（四）办内销手续

对不符合退税规定、退税凭证不全或由其他原因造成无法退税的应调整出口销售成本，须办内销手续。企业对此应编制如下会计分录：

1. 调整收入

借：主营业务收入——出口收入

贷：主营业务收入——内销收入

应交税费——应交增值税（销项税额）

［注：销项税额＝出口货物离岸价×外汇人民币牌价÷（1+法定增值税税率）］

2. 冲减不予退的增值税、消费税

借：其他应收款——应收出口退税——增值税红字

其他应收款——应收出口退税——消费税红字

贷：应交税费——应交增值税（出口退税）红字

主营业务成本（消费税）红字

3. 冲减增值税征退税率差额

借：主营业务成本红字

贷：应交税费——应交增值税（进项税额转出）红字

（五）实际收到出口退税如与原申报退税数不相符

对已申报退税的出口货物，如实际收到出口退税与原申报退税数不相符，应调整差额，编制如下会计分录：

借：主营业务成本

贷：其他应收款——应收出口退税——增值税

其他应收款——应收出口退税——消费税

（六）补交税款

对已办理申报退税的出口货物，如发生退关或退货的，出口企业按规定到主管税务机关申报办理"出口商品退运已补税证明"，根据其主管税务机关规定的应补交税款，编制如下会计分录：

1．冲减出口收入

借：应收账款——××客户（红字）

　　贷：主营业务收入——出口收入（红字）

2．冲减出口销售成本

借：主营业务成本——出口（红字）

　　贷：库存商品（红字）

3．补交税款

借：应交税费——应交增值税（出口退税）

　　　主营业务成本（消费税）

　　贷：主营业务成本（不予退税）（按征退税率之差计算）

　　　　银行存款

某外贸企业（一般纳税人）向A公司购进商品一批，数量1 000只，单价100元，已验收入库，货款未支付，取得准予抵扣的增值税专用发票一份，注明的金额为10万元，注明的税额为1.7万元。该企业以一般贸易方式出口上述商品给美国的B公司，以FOB方式成交，出口单价20美元，离岸价为20 000美元，假设出口当月月初美元兑人民币中间价为1∶6.5，该外汇款当月收到，并且办理了结汇手续，银行买入价为1∶6.3。该商品的出口退税率为11%。

相应会计处理如下。

（1）购进商品。

借：库存商品——某商品　　　　　　　　　　　　　　　　100 000

　　应交税费——应交增值税（进项税额）　　　　　　　　 17 000

　　贷：应付账款——A公司　　　　　　　　　　　　　　 117 000

（2）出口商品并结转销售成本。

借：应收账款——B公司（USD20 000×6.5）　　　　　　 130 000

　　贷：主营业务收入——出口收入　　　　　　　　　　　 130 000

借：主营业务成本　　　　　　　　　　　　　　　　　　　100 000

　　贷：库存商品　　　　　　　　　　　　　　　　　　　 100 000

（3）计算该出口商品的应退税额及征退税率差额，并向税务机关申报出口退税。

借：其他应收款——应收出口退税——增值税　　　　　　　　　　11 000

　　贷：应交税费——应交增值税（出口退税）　　　　　　　　　　11 000

注：应收出口退税=购物的不含税金额×退税率=100 000×11%=11 000

借：主营业务成本　　　　　　　　　　　　　　　　　　　　　　6 000

　　贷：应交税费——应交增值税（进项税额转出）　　　　　　　　6 000

注：进项税额转出=购货的不含税金额×（征税率-退税率）

　　　　　　　　　=100 000×（17%-11%）=6000

（4）根据银行结汇水单入账。

借：银行存款——人民币结算户　　　　　　　　　　　　　　　126 000

　　财务费用——汇兑损益　　　　　　　　　　　　　　　　　　4 000

　　贷：应收账款——B公司　　　　　　　　　　　　　　　　130 000

（5）收到退税款时（根据银行收款通知单）。

借：银行存款　　　　　　　　　　　　　　　　　　　　　　　11 000

　　贷：其他应收款——应收出口退税——增值税　　　　　　　　11 000

（6）假设由于质量问题，该批出口商品发生出口退运，经双方协商，对上述出口商品同意退回500只。

借：应收账款——B公司（500×USD20×6.5）　　　　　　　　-65 000

　　贷：主营业务收入——出口收入　　　　　　　　　　　　　-65 000

借：主营业务成本　　　　　　　　　　　　　　　　　　　　-50 000

　　贷：库存商品（500×100）　　　　　　　　　　　　　　-50 000

借：主营业务成本　　　　　　　　　　　　　　　　　　　　-3 000

　　贷：应交税费——应交增值税（进项税额转出）[50 000×（17%-11%）]　-3 000

①如未办理退税。

借：其他应收款——应收出口退税（50 000×11%）　　　　　　-5 500

　　贷：应交税费——应交增值税（出口退税）　　　　　　　　-5 500

②已退税，须返纳时。

借：应交税费——应交增值税（出口退税）　　　　　　　　　　5 500

　　贷：银行存款　　　　　　　　　　　　　　　　　　　　　5 500

参 考 文 献

1. 赵永秀. 外贸新手上岗手册[M]. 北京：中国时代经济出版社，2012

2. 徐俊，赵永秀. 跟我学外贸业务[M]. 广州：广东经济出版社，2011

3. 徐俊，赵永秀. 跟我学外贸采购[M]. 广州：广东经济出版社，2011

4. 徐俊，赵永秀. 跟我学外贸跟单[M]. 广州：广东经济出版社，2011

5. 徐俊，赵永秀. 跟我学外贸单证[M]. 广州：广东经济出版社，2011

6. 韩军. 一本书学会外贸跟单（实战强化版）[M]. 北京：人民邮电出版社，2013

7. 邹建华. 国际商务谈判业务与技巧[M]. 广州：中山大学出版社，1996

8. 廖瑛，肖曼君. 实用外贸英语函电[M]. 武汉：华中理工大学出版社，1996

9. 贺昆. 外贸业务员手册[M]. 北京：中国市场出版社，2005

10. 李广泰，杨访梅. 接单与跟单实操细节[M]. 广州：广东经济出版社，2006

11. 谢国娥. 海关报关实务[M]. 上海：华东理工大学出版社，2004

12. 李东. 外贸与业务跟单实操细节[M]. 广州：广东经济出版社，2007

13. 苏宗祥. 国际结算[M]. 北京：中国金融出版社，1997

14. 王莉. 中小企业外贸一本通[M]. 广州：广东经济出版社，2006

15. 梁琦. 国际结算[M]. 北京：高等教育出版社，2005

16. 余心之，徐美荣. 新编外贸单证实务[M]. 北京：对外经济贸易大学出版社，2006

17. 梁朝瑞，梁松. 外贸出口制单实务[M]. 北京：对外经济贸易大学出版社，2003

18. 兰天. 外贸英语函电[M]. 大连：东北财经大学出版社，2006

19. 陈晓峰. 企业国际贸易法律风险管理与防范策略[M]. 北京：法律出版社，2009

20. 蒋琪. 国际货物贸易法律风险与防范判例精解[M]. 北京：对外经贸大学出版社，2012

21. 邓旭，陈晶莹. 国际贸易术语解释与国际货物买卖合同[M]. 北京：经济管理出版社，2012

22. 卓小苏. 国际贸易风险与防范[M]. 北京：中国纺织出版社，2007

23. 上海财经大学自由贸易区研究院，上海发展研究院. 中国（上海）自由贸易试验区与国际经济合作[M]. 上海：上海财经大学出版社，2013

24. 包咏赞，朱仕友. 外商验厂通过手册[M]. 北京：人民邮电出版社，2008

25. 中国出口退税咨询网. 外贸企业出口退税操作手册（手把手教你快速学会外贸企业出口退税操作方法）[M]. 北京：中国海关出版社，2011

26. 中国出口退税咨询网. 生产企业免抵退税从入门到精通[M]. 北京：中国海关出版社，2010

27. 鲁桐等. 中国企业海外市场进入模式研究[M]. 北京：经济管理出版社，2007

28. 刘建丽. 中国制造业企业海外市场进入模式选择[M]. 北京：经济管理出版社，2009

29. 谢洪忠. 淘金亚太海外市场[M]. 北京：经济科学出版社，2012

30. 魏华颖. 国际外派人力资源管理[M]. 北京：经济管理出版社，2012

31. 王吉鹏. 外派机构与人员的管理——人力资源管理实战经典系列[M]. 北京：中国劳动社会保障出版社，2008

32. 周燕华. 社会资本视角：中国跨国公司员工外派适应与绩效研究[M]. 北京：经济管理出版社，2012

33. 姜秀珍. 中国跨国企业外派人员回任管理[M]. 上海：华东理工大学出版社，2011

34. 毛海波. 国际展会知识产权保护研究[M]. 上海：上海人民出版社，2013

35. 史蒂文斯. 展会的组织管理与营销[M]. 孙小珂等译. 沈阳：辽宁科学技术出版社，2007

36. 王重和. 国际会展实务精讲[M]. 北京：中国海关出版社，2011

《生产企业与外贸企业出口退税指南》
编读互动信息卡

亲爱的读者：

感谢您购买本书。只要您通过以下三种方式之一成为普华公司的**会员**，即可免费获得普华每月新书信息快递，在线订购图书或向我们邮购图书时可获得免付图书邮寄费的优惠：①详细填写本卡并以**传真（复印有效）或邮寄**返回给我们；②登录普华公司官网注册成普华会员；③关注微博：@普华文化（新浪微博）。会员单笔订购金额满300元，可免费获赠普华当月新书一本。

哪些因素促使您购买本书（可多选）

○本书摆放在书店显著位置　　　　○封面推荐　　　　　　○书名

○作者及出版社　　　　　　　　　○封面设计及版式　　　○媒体书评

○前言　　　　　　　　　　　　　○内容　　　　　　　　○价格

○其他（　　　　　　　　　　　　　　　　　　　　　　　　　　　）

您最近三个月购买的其他经济管理类图书有

1.《　　　　　　　　　》　　　　　2.《　　　　　　　　　　　》

3.《　　　　　　　　　》　　　　　4.《　　　　　　　　　　　》

您还希望我们提供的服务有

1. 作者讲座或培训　　　　　　　　2. 附赠光盘

3. 新书信息　　　　　　　　　　　4. 其他（　　　　　　　　　　）

请附阁下资料，便于我们向您提供图书信息

姓　　名　　　　　　　联系电话　　　　　　职　　务

电子邮箱　　　　　　　工作单位

地　　址

地　　址：北京市丰台区成寿寺路11号邮电出版大厦1108室　北京普华文化发展有限公司（100164）

传　　真：010-81055644

读者热线：010-81055656　81055641

编辑邮箱：wangyingzhou@puhuabook.cn

投稿邮箱：puhua111@126.com，或请登录普华官网"作者投稿专区"。

投稿热线：010-81055633

购书电话：010-81055656

媒体及活动联系电话：010-81055656　　　　　　　邮件地址：hanjuan@puhuabook.cn

普华官网：http://www.puhuabook.cn

博　　客：http://blog.sina.com.cn/u/1812635437

新浪微博：@普华文化（关注微博，免费订阅普华每月新书信息速递）